한눈에 읽는 외식창업 성공이야기 [시리즈 6]

불멸의 창업 인기 아이템
갈비·구이·불고기 전문점

김병욱 지음

 킴스정보전략연구소

김 병 욱 소장

킴스정보전략연구소 소장인 김병욱 박사는 소상공인 창업 지원 연구, 개발, 평가, 심사, 위원으로 활동하고 있으며, 삼성그룹사가 작사와 1등을 뛰어넘는 2등 전략과 창업 틈새 전략 외 150여 권의 저서를 발표한 바 있다.

그 밖에 방송·산업체 강의, 평가 등의 활동과 동시 월스트리트저널에 의해 21세기 아시아 차세대 리더에 선임된 바 있는 정보전략가임과 동시 경영컨설턴트이다.

Contents

Ⅰ. 갈비 전문점 ···1

1. 불멸의 창업 인기 아이템 갈비전문점 ·············3

1) 갈비 전문점의 발전과 변천 ···················3

2) 기대보다 떨어지는 매출 극복 방안 필요 ·········4

3) 갈비전문점의 경쟁력과 SWOT분석 ·············5

4) 성숙기 사이클로 갈비 전문점의 성공포인트 ·······6

5) 갈비 전문점의 투자금액과 수익성 ·············9

2. 갈비 전문점의 상품 유형별 우수 성공 브랜드 ·······10

1) 수제갈비 전문점 ·························10

2) 양념갈비 전문점 ·························17

3) 쪽갈비 전문점 ···························23

4) 생갈비 전문점 ···························35

5) 신개념 갈비 전문점 ·······················41

Contents

3. 닭갈비 전문점 ·············· **47**

  1) 핵심고객 젊은 세대 공략이 관건 ·············· 47

  2) AI(조류독감) 외부요인 걸림돌 극복과 대처 ·············· 48

  3) 닭갈비 전문점의 경쟁력과 SWOT분석 ·············· 49

  4) 왜 닭갈비에 주목해야 되는가? ·············· 50

  5) 투자금액과 예상수익성 ·············· 50

II. 구이 전문점 ·············· **53**

1. 전국 어느 골목에서나 볼 수 있는 구이 전문점 ·············· **55**

  1) 구이 전문점의 발전 ·············· 55

  2) 구이 전문점의 현황 ·············· 56

  3) 구이 전문점의 사업전망 ·············· 57

  4) 구이 전문점의 시설운영 ·············· 58

  5) 구이 전문점의 매출계획 ·············· 59

Contents

2. 구이전문점의 상품유형별 우수 성공브랜드 ····················**62**

1) 생구이 전문점 ··62

2) 숯불구이 전문점 ···77

3) 직화구이 전문점 ···96

4) 화로구이 전문점 ···101

5) 로스구이 전문점 ···103

3. 구이 전문점 성공사례 〈참누렁소 & 한육감〉 ············**110**

1) 노련한 참누렁소 & 세련된 한육감 ································110

2) 농장에서 식탁까지 소고기의 모든 것 '참누렁소' ···········111

3) 음양오행에 따른 약선음식으로 고객 건강 플러스 ··········112

4) 비전과 미션을 공유할 수 있는 브랜드와 콘셉트 ·············113

5) 벤치마킹 포인트와 경쟁력 ··117

Contents

Ⅲ. 불고기 전문점 ·······························121

1. 불고기의 역사와 메뉴의 발전 ······················123

1) 불고기의 유래 ·······························123

2) 불고기의 발전과 변천 ························124

3) 한국인의 입맛, 달콤짭짤한 불고기 ·················126

4) 가장 한국적인 맛 불고기 메뉴의 조합 ···············128

2. 글로벌 브랜드로 도약한 불고기의 국제경쟁력 ·········133

1) 한식 불고기의 세계화를 선도한 브랜드 ···············133

2) 한식 불고기의 SWOT분석 ·····················134

3) 한식 불고기의 시장 경쟁력과 STP 분석 ···············139

4) 한식 불고기의 국제 마케팅과 4P 분석 ···············143

5) 한식 불고기의 경쟁사 대비 제품 경쟁력 ···············146

Contents

3. 불고기 전문점의 우수 성공브랜드 ·······················150

　1) 한일관 ··150

　2) 석이네 ··152

　3) 밥앤불고기 ···153

　4) 육미옥 ··156

　5) 불고기 브라더스 ···158

부록 : 창업 및 업종전환, 신규사업 가이드 ···············161

참고문헌 ···239

I

갈비 전문점

1. 불멸의 창업 인기 아이템 갈비전문점

2000년 이후 웰빙 트렌드는 18년이 지난 지금도 유효하다. 웰빙의 영향으로 육류소비가 위축되는 듯 했을 정도였다. 기우였다. 고기소비는 여전하고, 창업 테마 1순위로 꼽힌다. 고깃집 테마 중 가장 대중적인 부문을 돼지요리다. 돼지요리에는 불멸의 강자가 둘 있다. 바로 삼겹살과 돼지갈비다. 삼겹살에 비해 주춤한 감은 있지만 돼지갈비는 여전히 사랑받는 아이템이다.

1) 갈비 전문점의 발전과 변천

가족단위 고객에게 단골 메뉴를 고르라면 열손가락 안에 들어가는 메뉴 중 하나가 돼지갈비다. 돼지갈비 전문점은 성인층은 물론 어린아이들까지 누구나 부담 없이 즐길 수 있는 메뉴다. 2000년 이후 한국 외식시장의 주 수요층으로 떠오른 여성·주부 고객에게도 돼지갈비는 인기다. 주부 고객의 경우, 자연스럽게 어린이 혹은 가족단위 고객층을 동반하기 마련이다. 주부·가족단위 고객에게 돼지갈비가 인기 있는 메뉴로 자리를 잡은 이유는 가격경쟁력이다. 돼지갈비 전문점의 객단가는 일반적으로 높지 않은 편이다. 1만5000원에서 2만원 사이다. 때문에 3인 가족이 돼지갈비를 먹는다고 한다면 테이블 단가는 6만원을 넘지 않는다. 소비자 입장에서는 가격부담이 적으면서 포만감을 느낄 수 있는 아이템인 것이다.

2) 기대보다 떨어지는 매출 극복 방안 필요

돼지갈비 전문점은 대중적인 인기를 누리는 거에 비해 위험성이 만만치 않은 아이템이다. 가장 큰 위험성이라면 첫째, 추가 주문 발생이 적다는 점이다. 삼겹살의 경우 2명의 고객이 3~4인분의 매출을 올리는 강점이 있다. 반면 돼지갈비의 경우 1인당 1인분 이상을 시키는 데는 무리가 있다. 양념의 한계라고 볼 수 있다. 양념된 고기는 생고기에 비해 금세 물리는 경향이 있다. 특히 돼지갈비의 경우 단맛을 가미하는 경우가 많아 더욱 쉽게 질린다. 삼겹살에 비해 추가 주문이 떨어진다. 둘째, 주류 매출이 약하다. 돼지갈비는 식사 콘셉트가 강하다. 술안주보다는 밥반찬으로 팔린다는 뜻이다. 여성·가족 단위 고객에게 약한 술매출이 그대로 적용된다. 창업자 입장에서 이러한 위험성을 감안해서 투자금액 대비 수익성 분석을 실행하는 것이 중요하다.

3) 갈비전문점의 경쟁력과 SWOT분석

한국·칠레 FTA가 가결되면서 국내 육류 고기시장에는 일대변혁이 일기 시작했다. 수입 돼지고기의 물량이 늘어나면서 저가육을 써도 양념처리가 가능한 돼지갈비 전문점이 기하급수적으로 늘기 시작했다. 이때부터 시장에서는 수입 돼지갈비가 강세를 띄기 시작했다. 업계에서는 국내 돼지갈비 전문점 대다수가 수입산 돼지를 이용한다고 추측하고 있다.

돼지갈비 자체에 대한 수요와 공급도 늘었다. 최근엔 홈쇼핑 등을 통해서 가정 판매 물량이 지속적으로 증가하는 추세다. 시장의 전체적인 규모가 성장함에 따라 업계의 전망도 어느 정도 밝은 것으로 된다. 돼지갈비 전문점은 흔히 태릉숯불갈비 스타일로 테이블에 설치된 참숯로스터 위에서 직접 구워먹는 방식이 가장 보편적이다. 최근 돼지갈비는 새로운 콘셉트의 도전이 계속되는 중이다. 놀부에서는 〈놀부 항아리 갈비〉 브랜드를 출시해 시장 진출을 노렸다. 항아리갈비는 양념갈비를 항아리에 담아주고 그 갈비를 참숯불위에서 직접 구워먹는 방식이다. 기존의 방식과 큰 차이가 없었기 때문에 큰 인기를 끌지는 못했다. 충청도 지역인 조치원, 청주, 대전 상권에서는 '석갈비'라는 새로운 콘셉트의 전문점이 자리 잡고 있다.

강점(Strength)	약점 (Weakness)
돼지갈비는 폭넓은 수요층을 확보하고 있는 대중적인 메뉴다. 때문에 큰 유행을 타지 않아도 꾸준히 매출을 올릴 수 있다.	주류매출과 추가주문이 낮아 객단가가 쉽게 올라가지 않는다. 추가주문을 유도할 아이템이 반드시 필요하다.
기회(Opportunity)	위협(Threat)
수입산 돼지고기가 들어오면서 가격경쟁력을 앞세운 전문점을 구현할 수 있는 기회요인이 숨어있다.	대형 매장이 속속 출현하고 있다. 또한 프랜차이즈 형태의 돼지갈비 전문점도 이미 포화다. 독립적으로 운영하는 소형 매장의 경우 자칫 경쟁력을 상실할 수 있는 위협요인이 있다.

4) 성숙기 사이클로 갈비 전문점의 성공포인트

외식시장에 돼지갈비가 처음 등장한 시기는 1970년대 정도로 파악 된다. 이후 국민들의 외식 수요가 늘기 시작하면서 돼지갈비는 가족단위 외식객들의 단골메뉴로 자리 잡았다. 예전 돼지갈비집의 경우 〈태릉숯불갈비〉나 〈마포숯불갈비〉집에서 보여주듯 참숯을 이

용해서 직화구이 형태가 돼지갈비 전문점이보편적이었다. 굳이 태릉
이나 마포가 아니더라도 전국의 주요 상권마다 돼지갈비 골목이 출
현했다.

이러한 참숯직화구이 형태의 돼지갈비 전문점은 오늘날까지 꾸준
히 있다. 돼지갈비가 외식시장에서 전형적인 성숙기 아이템이라고
판단되는 근거다.

〈표2〉 돼지갈비 전문점의 최적의 상권입지는?

적합상권 유형		장·단점
제1후보지 (대단위 아파트 상권 내 외식상권)	장점	돼지갈비 전문점의 주 수요층이라고 할 수 있는 주부·가족단위고객을 공략하는 데는 1만세대 이상이 거주하는 아파트상권이 적합하다
	단점	아파트상권의 경우 분양가 거품으로 인해 점포 임대가가 높기 때문에 자칫 투자 수익률이 떨어질 수 있는 위험성이 있다.
제2후보지 (주택가상권 대로변 입지)	장점	돼지갈비 전문점은 대형화 전문화 바람을 타고 있는 아이템이다. 가시성과 접근성이 좋은 주택가 상권 진입로 대로변을 추천한다. 대형 매장을 공략한다면 지역의 랜드마크 역할을 하면서 안정 수익을 확보할 수 있다.
	단점	대형 매장의 경우 점포구입비와 점포 시설투자비가 높다. 초기투자 비용이 상당하므로 쉽사리 진행하기 어렵다.

제3후보지 (역세상권 내 먹자골목)	장점	지속적인 안정 수요층을 확보하는 데는 역세 상권의 먹자골목도 나쁘지 않다.
	단점	먹자골목 내의 경쟁점포가 많기 때문에 자칫 먹자골목 경쟁우위를 점유하지 못한다면 상권 내 경쟁구도에서 밀려날 수 있는 위험성이 높다.

갈비 전문점의 성공을 위한 체크포인트 제품경쟁력

① 문화적인 콘셉트가 있는 시설경쟁력확보를 위한 한식당의 경쟁력이 맛만으로 결정되는 시대는 지났다. 주부·가족단위고객을 타깃으로 하는 오감만족도 향상에 신경을 써야 한다. 그 중의 하나가 사설경쟁력이다. 올드한 느낌의 7080스타일 보다는 깔끔한 디자인과 시설 설비가 뒷받침돼야 경쟁력 우위에 설 수 있다.

② 점포입지개발에 있어서는 1층 점포와 2층 점포 콘셉트에 유념으로 돼지갈비집의 경우 어떤 콘셉트로 오픈을 하든 점포입지개발이 성공의 1차 변수다. 돼지갈비는 입점한 매장 층수에 따라 콘셉트를 달리해야 한다. 초보 창업자에게는 2층보다 1층 점포가 더 유리할 수 있다.

③ 해당지역 수요층의 눈높이를 고려한 출점 콘셉트 결정으로 돼지

갈비 전문점은 경제력을 넘나들며 인기를 끄는 아이템이다. 따라서 주 수요층이 서민층인지, 중산층 혹은 부유층인지를 파악한 콘셉트가 절대적으로 필요하다. 돼지갈비는 서민층 상권의 경우 부담 없는 콘셉트와 시설로 다가가기 쉽고, 부유층 상권이라면 하이엔드급 콘셉트로 접근해도 충분히 통하는 아이템이다.

5) 갈비 전문점의 투자금액과 수익성

갈비 전문점의 투자금액은 오픈 콘셉트에 따라서 차이가 난다. 점포 구입비용은 서울 수도권 상권 1층 34평(115.7m²)기준으로 7000만원~1억 원 정도를 감안해야 한다. 시설투자비용으로는 7000만원~8000만원이다. 총 투자비용은 점포구입비를 포함해서 1억5000만원에서 많게는 2억원 이상의 창업자금이 소요될 것으로 판단된다. 프랜차이즈 브랜드를 오픈할 경우 점포비용을 제외한 투자비용도 최소한 1억원 정도 투자된다고 볼 수 있다.

그렇다면 이 정도의 금액을 투자했을 때 어느 정도의 수익성을 예측할 수 있을까? 평균적인 수익을 내는 돼지갈비 전문점의 경우 1일 매출을 70만원에서 100만원 사이로 예상할 수 있다.

월 매출액은 2500만원~3000만원 내외 수준이다. 매출액 에서 인건비, 임대료, 식재료원가%, 기타판관비를 모두 제외한 운영주체의 월 순이익은 500~700만원 선이다.

2. 갈비 전문점의 상품 유형별 우수 성공 브랜드

1) 수제갈비 전문점

(1) 무한 〈수제갈비〉

무한리필을 콘셉트로 하는 고기전문점의 새로운 가능성을 제시하고 있는 ㈜계백미트의 무한갈비만세가 있다.

2016년 4월 브랜드를 론칭했으며 대표메뉴는 무한리필고기 (14세 이상)1만3900원, (8~13세) 1만900원, (4~7세) 7900원, 갈비탕·우거지갈비탕 5900원, 육회비빔밥 7000원, 통돼지김치찌개 6000원이며, 창업비용은 1억2000만 원(65m², 40평 기준)정도이다.

20년 내공의 육가공 노하우로 프랜차이즈 업체와 유명 고깃집에 가공육을 납품했을 정도로 탄탄한 육가공 노하우를 갖췄다. 또한 무한리필 서비스로 숯불돼지갈비, 꽃목살, 갈매기살, 떡갈비 4가지 고기메뉴를 무한리필로 제공해 가성비를 높였다.

그렇다면 왜 삼겹살이 아닌 돼지갈비일까? '삼겹살집에 단골 없다' 는 말이 있듯이 삼겹살과 같은 생고기는 좋은 고기를 맛있게 구워내는 집으로 손님이 몰린다. 반면 양념육의 경우는 내 입맛에 맞는 양념, 내 입맛에 길들여진 집을 찾는 것이 일반적이며 쉽게 단골 식당을 바꾸지 않는다.

(2) 국민전통 〈수제갈비〉

남녀노소 누구나 좋아하는 돼지갈비는 예로부터 서민들의 대표 외식 아이템 중 하나다. 하지만 차별화된 맛과 더불어 매장별 균일한 맛을 내는 것이 쉽지 않아 프랜차이즈화하기 어려운 아이템으로 손꼽혔다. ㈜영원외식산업에서는 수년간의 연구개발을 통해 맛과 더불어 건강함을 함께 잡은 수제돼지갈비전문점 〈국민전통갈비〉를 선보이고 있다.

2013년 4월 브랜드 론칭을 한 국민전통갈비의 대표메뉴는 수제돼지갈비(200g 1만2000원), 수제생갈비(200g 1만2000원)이며, 남녀노소 누구나 편안함을 느낄 수 있는 인테리어를 콘셉트로 잡았다. 전화는 1899-2260 이다. (www.kookmingalbi.com).

쉽게 따라올 수 없는 차별화된 맛, 수년간 연구 개발한 비법소스로 숙성시킨 수제돼지갈비의 차별화된 맛을 느낄 수 있다. 전국 단위의 유통 및 배송망 확보로 본사의 육가공 센터 및 충청도·경상도 지사를 통해 전국 단위 유통·배송망을 확보하여 서비스 하고 있다. 가맹점 손해율 0% 보상제도의 시행으로 가맹점 매장 운영에 손해가 날 경우 본사에서 차액을 지원해주고 있다.

국민전통갈비에는 다양한 보상제도가 있는데, 대표적인 것이 손해율 0% 보상제다. 오픈 시 약속한 매출이 안 나올 경우 가맹점주에게 차액을 보상하거나, 로열티를 받지 않는 등의 파격적인 내용이다. 얼핏 본사에 불리한 조건처럼 보이지만, 이는 본사의 자신감에서 비롯된 것이자 궁극적으로는 가맹점과 본사가 동반성장을 하자는 의미의 약속이다. 이는 기존의 돼지갈비전문점은 물류의 지속적인 연계 없이 전수창업이 부분이었다. 그래서 경기에 따라 매출 등락폭이 심한 돼지갈비전문점이 많았다. 그러나 국민전통갈비는 핵심이 되는 돼지갈비 물류를 본사에서 지속적으로 제공하기 때문에 본사의 꼼꼼한 슈퍼바이징이 더해진다면 롱런하는 브랜드가 될 수 있다.

즉 프랜차이즈 본사가 직영공장을 갖고 가맹점에 물류를 공급하며 이를 통해 수익을 창출하는 구조가 만들어져야 본사와 가맹점이 지속적으로 동반성장할 수 있다. 국민전통갈비는 대중성 있는 아이템이자 유행을 타지 않는 아이템으로 롱런할 수 있는 조건을 갖췄다. 이는 검증된 물류시스템과 가맹시스템으로 성공창업을 돕고 있다.

〈표3〉 국민전통갈비 초기 창업비용

품목	내용	금액
가맹비	·상표사용권 부여 및 지역 독점 영업권 보장	·400만원 ※전략지역 할인이벤트 확인
교육비	·가맹점 운영 교육 및 매뉴얼 제공, 노하우 전수	600만원
물품 보증금	·본사 공급 원부자재에 대한 예치금(가맹계약 해지 시 반환)	~~400만원~~ → 200만원 ※200만원 할인행사
점포개발비	·나이스비즈맵과 SK텔레콤 상권 분석 시스템	~~100만원~~ → 0원 ※100만원 할인행사
인테리어	·설계 및 3D 디자인/바닥타일공사 ·목공사(자재/인건비/유리·금속 공사 ·전기, 조명공사/도장, 필름공사/사인물 일체	4200만원 ※33m² 당 140만원
홀/주방기물	·2인/4인 테이블, 단체석 일체 등	1500만원
간판	·외부 전면 잔넬 텍스트 간판 (4M) ·돌출 간판 및 사이드 간판	450만원
품목	내용	금액
기기설비	·로스터(착화식), 삼중불판 ·냉장/냉동고, 간데기 etc, 육류 냉장고 등 ·샐러드바, 아이스크림케이스, 식혜, 커피머신	2250만원
홍보/오픈지원	·웹카메라 1대/음향기기SET/홍보물 및 조형물 일체	50만원

※ 99m²(30평) 기준 ※ 별도견적 : 외관공사(건물전면), 전기증설, 외부테라스, 냉/난방기

(3) 음식점닥터 〈수제갈비〉

병원시스템을 가진 본사 만들기를 모토로 〈수제갈비〉는 프랜차이즈 분야에서 20년의 역사를 가진 베테랑 브랜드이다. 그러다 보니 이곳 대표는 매장이나 브랜드 관련 일은 안 해본 것이 없을 정도인데다 성공은 물론 실패도 경험하면서 많은 것을 몸으로 배울 수 있었다. 지금까지 해 온 일인 만큼 앞으로도 외식업을 천직으로 삼고 살아가야겠다는 생각을 했다.

구체적으로 어떤 일을 해야 할까 고민하다가 '음식점 병원'을 떠올리게 됐다. 병원의 인턴 역할을 하는 직원, 의사 역할을 하는 직원, 주치의를 하는 직원 등이 있는 병원시스템을 가진 본사를 만들고 싶어 했다. 지금은 그 과정 중으로 열심히 만들어가고 있는 단계다.

현재는 프랜차이즈 브랜드로 〈수제갈비〉만 운영하고 있지만 지방에서 다양한 직영점을 운영하고 있다. 고기 메뉴를 판매하는 〈외식중공업〉과 〈맑은 농장〉, 카페 〈노스트레스 퍼블릭〉 등이 바로 그것이다. 굳이 제2브랜드나 제3브랜드를 운영하지 않더라도 다양한 외식 관련 업종을 하고 있기 때문에 주로 업종 전환을 원하는 점주들과 만나 진행하고 있는 '병원 시스템' 노하우도 남다를 수밖에 없다.

두 달의 테스트와 업무 평가를 거쳐 뽑는 〈수제갈비〉의 메뉴들은 저렴하면서도 맛있는 것이 가장 큰 특징이다. 정확히 258번의 수정을 거쳐 만들어진 것이 바로 지금 판매되고 있는 메뉴, 맛의 차별화를 위해 재료를 차별화했고 재료를 차별화 하면서 〈수제갈비〉만의 독특한 맛과 향을 만들어낼 수 있었다. 국내에서 〈수제갈비〉가 고객의 인정을 받게 되자 이곳 대표는 해외 진출에도 박차를 가했다. 우리나라에서 많이 먹는 돼지갈비의 매력을 해외에 널리 알리고 싶었다. 중국 상하이에 오픈한 지 약 8개월쯤 됐고, 다행히 반응이 좋아 앞으로 2, 3호점도 오픈을 준비하고 있다. 앞으로는 마스터프랜차이즈로 동남아와 중국에 진출할 예정이며, 앞으로도 열심히 노력해서 좋은 매장과 한국의 맛을 널리 알리는 데 집중할 예정이다.

프랜차이즈 브랜드를 운영할 때 가장 힘든 것은 바로 사람이다. 본사와 점주의 궁합이 맞지 않을 경우 양쪽 다 힘이 들 수밖에 없기 때문이다. 그래서 〈수제갈비〉는 조금 다른 프랜차이즈를 만들어 가고 있다.

공부하는 점주, 지속성장하는 브랜드: 색다른 브랜드를 만들고 싶다는 목표를 갖고 모든 직원들이 항상 아이디어를 위해 많은 시간을 투자한다. 금요일에는 일상적인 업무를 하지 않는다. 경직된 방식으로는 참신한 아이디어가 나올 수 없기 때문이다. 따라서 금요일에는 맛집을 가거나 워크숍을 가거나 또는 방송을 보기도 한다. 가끔은 해외 탐방을 하는 등 색다른 체험을 한다. 물론 이러한 내용을 확인할 수 있는 시간도 가진다. 그렇게 하니 좋은 아이디어가 많이 나와서 회사에도 많은 도움이 된다.

늘 공부하고 노력하는 〈수제갈비〉는 점주들에게 바라는 것도 조금 다르다. 가맹점 점주들이 장사가 아닌 경영을 해주기를 바란다. 경영에 대한 마인드, 열정, 마케팅 관리 등을 위해 공부도 많이 하길 바라고 이론으로 무장을 하고 실무를 하면 좋은 결과를 얻을 수 있도록 도울 수 있는데 대부분의 점주들은 공부를 하고 싶어하지 않기 때문이다. 앞으로 〈수제갈비〉의 점주들은 이론과 경험으로 무장해 지속성장할 수 있는 방법을 찾아나갈 것이다. 이로 인해 비전이기도 한 희망, 성장, 행복도 함께 이룰 것이다.

〈수제갈비〉는 제품에 대한 강한 프라이드를 갖고 정확한 전략과 전술을 바탕으로 효율적이면서도 우수한 경영 관리를 할 수 있는 방법을 찾아나가고 있다. 브랜드와 매장이 갖고 있는 강점을 정확하게 소비자들에게 어필한다면 지금보다 더 맛있고 좋은 서비스를 가진 〈수제갈비〉를 더 많이 만날 수 있을 것이다.

〈수제갈비〉의 성공 포인트로는 정확한 사업계획서를 바탕으로 전략과 전술을 갖춤과 동시 매장에 대한 많은 투자가 필요 없으며, 기존의 돼지갈비 맛이 아닌 독특하고 개성있는 맛을 꼽을 수 있다. 경기도 안성시 원곡면 칠곡호수 1길50(칠곡리 423-9)에 소재하고 있으며 전화는 1588-4683이다.

2) 양념갈비 전문점

(1) 어울림의 명소 〈강강술래〉

수락산과 불암산이 있는 서울시 노원구 상계동, 한천(중랑천)의 위쪽에 있다 해서 동네 이름이 유래됐다. 아파트촌이 많은 주거지역이어서 다소 삭막할 수 있는 이곳에 문화와 여가를 위한 공간이 생겼다.

① 대중적인 맛, 마케팅이 끌고 간다: 많은 음식점은 가게의 매출신장을 위해서 무엇을 하고 있을까. 대부분 음식의 맛이 가게의 성공을 보장한다고 생각한다. 홍보와 마케팅은 오히려 반칙처럼 느껴질 수도 있다. 하지만 모든 제품과 브랜드는 자발적인 홍보 마케팅이 필요하다.

짧지도 길지도 않은 한국 외식업계에 현재 그동안 없었던 새로운 현상들이 나타나고 있다. 바로 외식업소 브랜드 파워에 의한 고객의 쏠림현상이다. 인터넷과 방송, 스토리텔링 등을 보고 음식점을 찾는 고객이 늘어나는 추세다. 더 이상 음식점은 손님을 기다리게만 해서는 안 된다. 그것을 〈강강술래〉에서 다시 한번 더 확인할 수 있다.

〈강강술래〉 상계점의 800석은 식사를 즐기는 가족들로 가득찬다. 가족과 함께 갈비를 먹는 모습은 마음이 쩡한 감동으로 다가온다. 고객은 창출하는 것이다. 고객을 만족 시키는 요소를 개발해 꾸준히 재방문하게 만드는 것은 음식점의 몫이다.

〈강강술래〉 이곳저곳은 분위기 향상을 위해 각종 인테리어 소품들과 연못, 꽃, 나무로 배치돼있다. 계단과 진열대 등에는 불고기, 떡갈비, 사골육수 등이 포장 판매돼 추가 매출을 올리고 있다.

② 양념 소갈비 빛을 발하다: 고기 맛의 비밀은 두께에 있다. 두툼한 갈빗살에 다이아몬드 칼집을 넣었다. 양념은 강하게 달지 않고 평범하다. 경기도 포천 〈김미자할머니집〉이나 〈서서갈비〉처럼 대파를 많이 넣어 시원하고 톡 쏘는 맛도 아니다. 〈소천지〉나 〈제주본가〉처럼 한약재로 맛을 낸 것도 아니다. 하지만 둘이서 양념 소갈비 4인분을 먹어도 질리지가 않는다. 일단 맛에 부담감이 없다. 평범한 맛에서 나는 편안함 때문이다.

천천히 배가 부를 때까지 부담 없이 먹게 되는 〈강강술래〉의 양념갈비에서 평범한 맛이라는 또 다른 맛의 세계가 있다. 고기를 먹고 난 후 후식으로 맛보는 냉면도 비교적 저렴하다.

서울시 노원구 상계동 1025-4(상계점)에 소재하고 있으며 전화는 080-925-9292 이다. (www.sullai.com).

(2) 마늘양념갈비 〈삼도갈비〉

2013년 4월 문을 연 〈삼도갈비〉는 '고기 좀 먹을 줄 아는' 이들의 숨은 맛집으로 오픈 4년 만에 경기도 부천의 명소로 자리 잡았다. 매장에서 직접 작업하는 한우 생갈비, 양념갈비와 기품 있는 전통 평양냉면을 내면서 외식전문가, 미식가들에게 극찬을 받고 있다.

① 수준급 프리미엄 한우생갈비와 평양냉면: 삼도갈비는 한우 갈비 부위를 짝으로 공급 받아 직원들이 직접 발골 작업을 하고 포를 뜬다. 가로 폭 4cm, 두께는 1cm를 넘기지 않는다. 단 시간에 가비의 겉과 속을 빠르게 익히기 위해 0.5cm간격으로 다이아몬드 칼집도 넣는다. 갈빗살의 보들보들한 육질을 최적의 상태로 맛볼 수 있게 하기 위한 작업 매뉴얼이다.

마늘양념갈비는 일본 야키니쿠 스타일이다. 간장 베이스 양념에 며칠간 숙성해놓은 한국식 갈비와 달리 이곳은 주문 즉시 생갈비에 양념을 고루 바른 후 상에 낸다. 질 좋은 원육의 육질과 육향, 신선도를 살리면서 마늘간장 양념의 감칠맛까지 가미, 과하게 달지 않으면서 갈빗살의 쫀득한 식감이 살아있어 갈비 마니아들의 시그니처로 등극했다.

삼도갈비가 부천 지역 명소로 뜬 데는 평양냉면도 한몫을 했다. 소고기 양지와 사태, 갈비 작업 후 남은 자투리 부위를 넣고 우린 육수에 정갈한 메밀 면을 말아 넣고 배, 오이, 무, 양지.사태를 고명으로 올려낸다. 메밀은 함유량을 70%정도로 맞췄다. 한우로만 우린 육수는 육향이 진하고 약간의 염도가 있어 심심한 메밀 면과의 맛 밸런스가 잘 맞는다.

② 불고기+시래기밥 실컷 먹고 1만1000원: 점심에는 가성비 탁월한 식사메뉴를 구성, 주부와 가족단위 고객을 겨냥한 부담 없는 메뉴로 방문 문턱을 낮췄다. 합리적인 가격의 점심메뉴를 미끼로 메인인 한우생갈비와 평양냉면을 서서히 홍보해나간다는 전략이다.

대표 점심메뉴는 불고기시래기정식이다. 1인 1만1000원에 불고기 200g과 시래기밥, 9가지의 한식 찬을 푸짐하게 차려낸다. 불고깃감으로는 갈비 잔여육에 슬라이스한 미국산 목심 부위를 사용하고 시래기밥에 들어가는 시래기는 양구 펀치볼 고급 시래기를 공급 받는다. 재래식 된장과 달래, 냉이, 버섯 등을 가득 넣고 끓인 된장찌개와 계절 겉절이, 코다리찜, 샐러드, 잡채, 김치, 냉이튀김, 나물찬,

실 곤약 초무침 등 다양한 찬을 제공한다. 1인 1만1000원에 푸짐하고 정갈한 한상 차림을 대접받는 데다, 건강식 시래기밥과 불고기를 넉넉하게 먹을 수 있어 점심시간 불고기시래기정식 주문율만 40% 이상이다.

객단가를 낮추면서 찬 구성과 양에 각별히 신경 쓴 결과 삼도갈비는 주부 고객 사이에서 먼저 입소문이 났다. 현재 1157m² (350평) 규모에서 연 50억원의 매출을 유지하고 있다. 한우생갈비처럼 고가의 메뉴를 판매하는 음식점의 경우 메인메뉴 대신 식사나 사이드메뉴를 합리적인 가격으로 푸짐하게 구성해 만족도를 높이는 것이 중요하다. 메인 상품의 품질은 고급스럽게 유지하되 가성비 높은 미끼 상품을 구성해 방문문턱을 낮추고 다양한 고객을 끌어 모으는 것이 핵심이다.

③ 메뉴 경쟁력.핵심 요소 적극 어필: 삼도갈비가 처음 문을 열었던 4년 전만 해도 부천 시민들에게 한우 생갈비와 평양냉면은 다소 생소한 메뉴였다. 간장 양념에 3~4일 이상 잰 진한 갈비 맛에 익숙한 탓에 비교적 심심하면서도 부드러운 한우마늘양념갈비가 환영받을 리 없었다. 평양냉면도 마찬가지다. 매콤한 함흥식 냉면에 길들어진 이들에게 '無 맛'에 가까운 평양냉면을 어필하기란 쉽지 않았다. 그러나 이곳 대표는 대형 간판과 각종 POP, 테이블 세팅지, 영

향력 있는 블로그 홍보 등을 통해 한우생갈비와 평양냉면, 가성비 최강의 불고기시래기정식 등을 꾸준히 홍보했다.

자극적이고 강렬한 맛을 선호하던 부천 시민들은 점차 한우생갈비와 평양냉면 맛에 매력을 느끼기 시작했고 현재는 전국구 맛집으로 자리 잡았다. 주말이면 전국 각 지역에서 올라와 2~3시간씩 웨이팅 후 생갈비와 냉면, 불고기를 먹고 간다.

〈삼도갈비〉의 점심메뉴 판매율은 불고기시래기정식이 42%, 런치정식(육류+평양냉면)34%, 평양냉면 11%, 한우곰탕4%, 기타 9% 이다.

저녁메뉴 판매율은 프리미엄 돼지왕갈비가 55%, 한우생갈비 22%, 한우마늘양념갈비 13%, 평양냉면이 10%다.

이곳의 강점으로는 매장에서 직접 작업한 프리미엄 한우생갈비와 정통 평양냉면을 구현했다는 점과 점심시간 한정 가성비 탁월한 식사메뉴 구성으로 방문문턱을 낮췄다는 것, 또 메뉴 상품력과 핵심 경쟁력. 꾸준한 홍보와 마케팅으로 불리한 입지를 극복했다는 점을 꼽을 수 있다.

주요메뉴는 불고기시래기밥정식 1만1000원, 한우생갈비 4만8000원(250g), 2인 주문메뉴 불고기시래기밥정식 or 평양냉면(점심), 평균 객단가 점심 1만1000원, 저녁4만~5만원이며 1157m² (350평)의 공간에

360석의 좌석을 보유하고 있다. 연매출은 50억원 내외이다.

현재 경기도 부천시 상이로85번길 32에 소재하고 있으며 전화는 032-324-8600 이다.

3) 쪽갈비 전문점

(1) 더맛 구이구이 〈쪽갈비〉

쪽갈비 프랜차이즈시장이 대중의 관심을 받기 시작한 것은 2000년 중반이다. 처음 소금에 찍어 먹는 쪽갈비로 주목받다가 2014년 매콤하게 양념한 쪽갈비에 고소한 치즈를 함께 먹는 아이템으로 다시 한 번 붐이 일었다. 이에 반해 ㈜더맛푸드의 '더맛 구이구이쪽갈비'는 2012년부터 염지한 쪽갈비를 선보여 외식경영주에게 꾸준히 눈길을 끌고 있는 브랜드다. 가맹을 시작한 1년 만에 차별화된 맛으로 승부하며 소자본 창업형태로 30개의 가맹점을 개설, 현재는74개의 매장을 운영 중이다.

2012년 4월에 브랜드 론칭을 한 더맛 구이구이 쪽갈비의 대표메뉴는 쪽갈비 500g 1만4000원, 바베큐쪽갈비 500g 1만5000원, 매운쪽갈비 500g 1만 5000원, 숯불양념쪽갈비500g 1만6000원, 묵은지쪽갈비찜 3만원, 김치수제비 5000원, 옛날도시락4000원 이며, 따뜻하고 포근하면서 군더기 없는 현대식 인테리어를 콘셉트로 하고 있다. 창업비용은 6000~7000만원(83m² (25평기준), 전화는 031-237-8592이다. (www.thematfd.co.kr).

㈜더맛푸드의 경쟁력은 가맹점주의 부담을 낮춘 소자본 창업으로 고정비를 최대한 낮춰 가맹점을 오픈·운영할 수 있도록 가맹점 상담부터 자체 맞춤 컨설팅을 제공한다는 것이다. 품질은 높이고 비용을 줄인 식재료의 공급으로 본사에서 고기를 취급하는 헝가리 업체에 방문, 구이용으로 좋은 원육을 직접 선택해 수입하며, 유통 단계를 축소시켜 선도 높은 식재료를 저렴한 가격에 구매해 제공한다.

맛좋은 대표 메뉴와 매출을 뒷받침하는 식사 메뉴로는 쪽갈비 메뉴와 어울리는 식사 메뉴 김치수제비, 추억의 도시락 등을 구성해 객단가를 높이고 있다.

① 선도 높은 육류와 안정적인 물류시스템으로 차별화: ㈜더맛푸드는 2012년에 법인을 설립한 이후 안정적으로 가맹사업을 전개하고 있는 쪽갈비 프랜차이즈 가맹 본부다. 수도권에는 '더맛쪽갈비' 브랜드를, 지방에는 '더맛 구이구이쪽갈비(이하 구이구이쪽갈비)' 브랜드로 동종 사업을 전개하다가 인지도를 높이고 활발한 가맹점

전개를 위해 2014년부터 구이구이쪽갈비에 집중하여 점포를 개설하였다.

더맛푸드는 직접 헝가리산 돼지고기를 수입·가공·유통하는 체계적인 물류시스템을 갖추고 있다. 수원 본사 물류센터와 대전 중부 물류센터를 두고 각각 담당 가맹점까지 매일 신선한 식재료를 직배송하고 있다. 메뉴의 주재료인 돼지고기와 김치, 양념 소스 등 10가지는 본사에서 직접 공급하고 부가적인 식재료는 매장에서 사입해 쓸 수 있도록 해 가맹 점주에게 자율성을 주고 있다. 무엇보다 가장 큰 특징은 본사에서 구입하는 식재료 비용과 가맹점에 납품하는 가격이 같다는 점이다. 더맛푸드는 가맹점주가 지출하는 비용을 최대한 낮출 수 있도록 추가요금을 부과하지 않고 있다. 헝가리산 돼지고기는 구이용으로 적합하고 육즙이 많은 등 품질이 좋은데 가격은 국내산보다 20~30% 정도 저렴해 가성비가 뛰어나다. 쪽갈비 손질도 센트럴 키친에서 진행하고 있다. 뼈와 살 사이에 칼을 정확하게 집어넣어 살이 쉽게 뜯어질 수 있도록 끝부분에 칼집을 내 가맹점에 납품하고 있다.

더맛푸드는 좋은 품질의 원육을 공수하기 위해 헝가리에 방문해 고기의 품질을 눈으로 직접 확인하고 납품받을 업체를 선택, 수입업체를 통해 직수입하고 있다. 일반 유통경로를 따르면 6개월 이상 걸리는 시간을 약 한 달로 줄여 제품의 선도를 높인 것이다.

② 전략적인 메뉴 구성으로 높은 매출: 더맛푸드는 냉동으로 수입한 원육을 자연 해동시킨 후, 허브와 소금 등 8종의 양념을 사용해 염지하고 있다. 고기는 굽기 좋게 10kg 단위로 매장에 납품, 72시간 동안 저온숙성한 후 사용한다. 주재료와 소스 등 센트럴 키친에서 모든 것을 가공, 원팩으로 만들어 공급해 매장에서는 끓이거나 굽는 등 간편한 조리만으로 메뉴를 완성할 수 있다. 또 다른 특징은 매장에서 점주가 참숯으로 쪽갈비를 직접 굽는 것이다. 직화로 구워낸 고기는 잡내가 거의 없고 살코기 안에 육즙이 풍부해 고객 만족도가 높다.

메뉴는 쪽갈비 요리와 식사로 단순하게 구성한다. 대표메뉴인 쪽갈비는 500g에 1만4000원으로 염지한 쪽갈비를 참숯에 구운 기본 메뉴다. 식사류는 5000원대로 많은 고객이 메인 메뉴와 함께 '옛날 도시락'을 먹거나 입가심으로 '김치수제비'를 즐긴다. 특히 얼큰한 김치수제비가 고객에게 인기인데 쪽갈비의 기름진 맛을 걸어내는 개운함과 수제비의 쫀득쫀득한 식감이 특징이다. 음료와 주류 등 추가 매출을 더하면 2인 기준 객단가는 약 4만5000원에 이른다. 특히 쪽갈비 메뉴는 테이크아웃용으로도 포장 판매하고 있어 매장마다 다르지만 10~15% 이상 부가적인 매출을 올리고 있다.

③ 소자본 창업 가능 모델과 체계적인 가맹 후 관리: 구이구이쪽갈비는 소자본 창업이 가능한 쪽갈비 프랜차이즈전문점이다. 예를 들어 오픈 할 매장이 고기구이전문점을 운영하던 곳이었다면 사용하던 덕트, 그릇 등 기기·기물을 그대로 쓸 수 있도록 해 가능한 한 저렴한 비용으로 창업할 수 있도록 돕는다. 또 더맛푸드는 '어떤 상권에서도, 누구나' 운영할 수 있는 쉽고 단순한 프랜차이즈 시스템이다. 예비창업주와 가맹상담을 통해 맞춤 가맹점을 오픈할 수 있도록 돕고, 개업 전에는 2주 교육 프로그램을 진행한다. 본사에서 이론 교육 3일후 직영매장에서 실습하고, 마지막 이틀은 매장을 직접 운영할 기회를 제공해 현장 적응력을 높이고 있다. 2주 교육 후에도 점주가 매장 운영을 어려워하면 일대일 교육을 더 시행한다. 가맹점주에게 제공하고 있는 서비스도 남다르다. 프로모션으로 500만원의 가맹비를 무상으로 제공하기도 하고 매출이 꾸준히 나오지 않는 매장은 더맛푸드의 홍보대사인 트로트 가수를 초청, 푸드 콘서트를 개최해 이슈를 만든다. 재방문으로 이어지도록 식사권과 할인권 등 다양한 경품을 제공해 개점 이후 관리에도 신경 쓰고 있다.

㈜더맛푸드는 '늘 처음처럼' 이라는 사훈 아래 가맹점주가 적은 비용으로 최대한의 매출을 낼 수 있는 구조를 항상 연구한다. 또 믿고 먹을 수 있는 메뉴를 고객에게 제공해 신뢰를 돈독히 쌓고 있는

프랜차이즈 가맹본부다. 많은 쪽갈비 브랜드가 개업과 폐업을 반복하던 중에도 5년 동안 꾸준히 가맹점을 확대할 수 있었던 이유는 그만큼 기반이 탄탄해서다.

문턱이 낮은 본사를 만들기 위해 노력하고 가맹점주의 의견을 최대한 수용, 자율성을 부여해 매장별 인기 있는 밑반찬을 공유하는 등의 다양한 시도를 하고 있는 것이다.

구이구이쪽갈비는 82~99m² (25~30평) 규모 매장에 홀·주방·서빙 파트 인력을 각각 한 명씩 배치하여 총 3명으로도 운영할 수 있도록 함으로써 인건비를 최소화하고 있다. 쿡 리스 시스템으로 주방 인력이 없어도 매장운영에 전혀 차질이 없다.

저녁 장사만 진행하기 때문에 매출이 저조하지 않을까 우려하는 점주도 있지만 장사가 잘되는 매장의 경우에 5시부터 1시까지 운영, 고정비용은 줄이면서 300~400만원의 매출을 얻고 있어 안정적이다.

(2) 쪽갈비 전문점 〈예감〉

초벌직화구이로 담백하고 부드러운 쪽갈비와 생족구이전문점 〈예감〉, 다른 고깃집과는 달리 고기냄새가 진동하지 않는 깔끔한 분위기 속에서 편안하게 등갈비를 즐길 수 있어 젊은 여성들과 직장인들은 물론, 주말이면 가족단위까지 부담 없이 즐길 수 있는 곳이다. 단골고객들이 인정하고, 이들이 또 가맹점주가 되어 응원하는, 〈예감〉의 행보가 주목되는 이유다.

① 단골고객이 하나 둘, 가맹점주가 되다: 쪽갈비전문점 〈예감〉이 동네상권을 중심으로 서서히 점포전개를 해나가고 있다. 돼지 등갈비로 맛을 낸 〈예감〉은 현재 42개의 점포가 수원을 근간으로 분포돼 있다. 수원에서 시작된 본점을 중심으로 가맹점주 대부분이 고객에서 출발했다. 등갈비를 먹으러 왔다가 그 맛에 반해 가맹점주가 하나 둘 되다 보니 대부분 수원을 중심으로 점포전개가 이루어졌다. ㈜와이지인더스트리가 그곳이다. 〈예감〉에서 줄을 서서 먹는 브랜드 파괴력에 놀라 문을 열었다는 후문이다. 쪽갈비는 2001년 이곳 대표의 부모님이 포장마차에서 시작한 아이템이었다고 한다. 처음엔 1톤 트럭에서 등갈비로 포장마차를 하다가 접이식 포장마차에 이어 2006년에 10m² (3평)짜리 가게를 얻으면서 본격적인 점포운영이 시작됐다. 등갈비를 창업 아이템으로 선정한 이유는 기존에 뻔한 포장마차 아이템에서 벗어나 뭔가 특별한 맛이 없을까 하는 고민이었다. 수많은 시행착오를 거쳐 현재의 맛으로 자리 잡게 되었고, 프랜차이즈 사업까지 하게 된 비결은 특제 양념 비법에 있다.

② 쉽게 따라할 수 없는 물류와 맛이 비결: 단골고객들에 의해 하

나 둘, 점포 전개가 이뤄지다가 본격적인 프랜차이즈 사업을 하게 된 것은 지난 2013년 7월부터다. 돼지 등갈비는 다른 부위에 비해 원가가 비싸다. 돼지 한 마리에서 나오는 물량이 많지 않기 때문에 프랜차이즈 사업을 하기엔 쉽지가 않았다. 등갈비 전문점이 개인 점포가 많은 것도 그 이유 때문이다. 특히 연말이면 해외의 각종 파티와 연말 행사로 인해 등갈비 수입육이 파동이 나곤 한다.

③ 2014년 점포개설 100개점 자신감 가져: 쪽갈비전문점 〈예감〉의 가장 큰 메리트는 창업비용이 많이 들지 않는다는 점이다. 때문에 소자본 창업자들이나 업종변경을 하고자 하는 이들에게 각광받는 아이템이다. 주방기기는 쪽갈비 구이기기 하나만 있으면 가능하며, 점포 내 주방인력도 많이 필요하지 않다. 메뉴는 쪽갈비와 생족구이가 주류를 이루며, 주방에서 미리 양념을 해서 숙성시켜 초벌구이를 하기 때문에 번거로울 것이 없다. 사이드 메뉴도 복잡하거나 찬을 많이 준비할 필요가 없어 매장 내 인건비 절감에도 좋다. 〈예감〉은 등갈비라는 특수 부위를 사용하지만 컨테이너로 수입해오기 때문에 가격적인 면에서 경쟁력이 된다. 때문에 초보창업자에게 기술적인 면이나 창업비용, 매장에서 일하는 입장에서 손쉬운 창업을 도모할 수 있다. 본격적으로 프랜차이즈 사업을 전개해오면서 창업박람회에 나가 많은 고객들과 예비창업인들에게 어필되는 등 7개 점포를 추가

로 오픈했다. 또 최근엔 10년 단골 고객으로부터 일본에서 문을 열고 싶다는 러브콜이 들어와 조만간 해외진출에 대한 기대감도 갖게 한다. 개인 맛집으로 운영해오다 고객들 요청에 의해 점포 전개를 해오고 있는 쪽갈비 전문점 〈예감〉, 프랜차이즈 사업에 대한 검증이 이미 끝난 셈이다.

쪽갈비 전문점 〈예감〉은 경기도 용인시 기흥구 신정로 151번길 45번지에 소재하고 있으며 전화는 080-000-3216 이다. (jjokgalbi.co.kr).

(3) 덤앤덤 〈쪽갈비〉

덤앤덤쪽갈비는 극강의 가성비 콘셉트를 내세운 쪽갈비 브랜드다. 평균 객단가 1만원대에 쪽갈비와 양푼이김치찌개, 돼지껍데기 등을 푸짐하게 제공하는 세트 구성으로 가격 부담을 대폭 낮췄다. 테이크 아웃·배달 서비스 활성화로 브레이크타임 매출까지 적극적으로 공략하고 있다.

① 2만9000원의 행복: 덤앤덤쪽갈비의 주력메뉴는 2만9000원 세트 메뉴. 간장쪽갈비 2인분에 양푼이김치찌개와 돼지껍데기를 푸짐하게 차려내고 2000원 추가 시 양념쪽갈비와 간장쪽갈비를 각각 1인분씩 제공한다. 총 2인 기준의 세트메뉴지만 제한 인원이 없기 때문에 2

차로 방문한 고객은 3~4명이 세트메뉴를 주문, 저렴한 객단가로 간단하게 술 한 잔 할 수 있는 구조로 가격대비 만족도가 높다. 2만 9000원 세트에 포함되는 구성은 쪽갈비 2인분(총 800g)과 돼지껍데기 400g, 그리고 테이블 절반을 가득 채울 만큼 큼직한 양푼에 담아내는 김치찌개다. 김치찌개에는 자르지 않은 김치와 삼겹살을 통째로 넣어 테이블 버너에 올려 즉석에서 펄펄 끓인다. 테이블 한쪽 내장형 숯불판에는 쪽갈비와 껍데기를 올려 굽고 다른 한쪽에는 김치찌개를 끓일 수 있는 이중 불판으로 편리한 오퍼레이션과 함께 생동감을 더했다.

푸짐한 세트구성과 합리적인 가격 책정으로 다양한 고객층을 유입시키면서 방문 문턱을 낮추고 오픈한 지 반 년 만에 '김해 쪽갈비 맛집' 키워드를 선점했다. 김치찌개의 주재료인 김치의 숙성온도와 기간, 염도 등도 세심하세 체크해가며 맛을 개발했고 칼칼하고 개운해 쪽갈비와 함께 술안주로 즐기기에 탁월하다.

② 본사-가맹점 물류 공동구매로 파트너십 유지: 2~3년 전 등갈비 프랜차이즈가 한창 붐을 이뤘다가 다시 잠잠해진 이유는 등갈비 아이템이 유행을 타면서 경쟁업체의 과열화로 등갈비 가격이 대폭 상승, 수급이 원활하지 않고 원육 품질이 초창기에 비해 균일하지 않았기 때문이다. 등갈비 자체가 삼겹살이나 목살에 비해 구매 빈도수

가 그리 높은 음식이 아닌데도 불구하고 공급 대비 수요가 현저히 늘면서 좋은 원물을 차지하기 위한 본사 물류팀의 경쟁이 치열했던 것이다.

덤앤덤쪽갈비는 본사와 전 가맹점이 원육을 비롯한 주요 재료를 공동구매 함으로써 물류 경쟁력을 갖춘 것이 특징이다. 품질 좋은 쪽갈비 원육을 합리적인 가격에 대량 구매함으로써 균일한 품질을 유지할 수 있는 데다, 본사에서 물류 마진을 남기는 구조가 아니라 본사와 가맹점이 '공동 오너'의 개념으로 파트너십을 갖고 갈 수 있다는 부분이 강점이다.

③ 오븐 1차 초벌 후 숯불 그릴링 최적의 쪽갈비 맛 구현: 짝으로 공급받은 쪽갈비는 통째로 찬물에 담가 핏물을 제거한 후 양념에 숙성시키는데 간장양념의 경우 캐러멜소스 대신 파인애플과 키위, 배, 사과 등 과일과 채소를 넉넉하게 넣어 천연 단맛을 낸다.

영상 2℃ 온도에서 이틀 간 숙성시킨 쪽갈비는 주문 시 스팀컴벡션오븐기에 1차 초벌한 후 숯불에 2차로 구워 테이블에 낸다. 주문량에 따라 조금씩 다르지만 약 17~18인분씩 구워내며 오븐기에서는 6~7분, 대형 숯판에서는 7분 정도 구워낸다. 오븐에 초벌구이하는 이유는 쪽갈비에 붙어있는 불필요한 기름기를 제거해 육질을 부드럽게 하면서 좀 더 담백한 맛을 내기 위함이다. 2차 초벌 과정에서 쪽갈비를 90%까지 골고루 익혀내면 고객 테이블에서는 뼈와 살코기 사이에 붙어있는 부분까지 100% 익히는데 이때 쪽갈비 뼈에 열이 전달돼 시간이 지나도 살코기를 따뜻하게 먹을 수 있다는 것이 이곳 대표의 설명이다. 스팀컴벡션오븐기에 1차 구운 후 숯불에 구운 쪽 갈비는 기름기가 없고 불맛이 밴 데다 과일 베이스의 간장 양념의 단맛이 은은하게 나 계속 먹어도 질리지 않는다.

쪽갈비는 속까지 촉촉하게 익힌 후 양 손으로 잡고 살코기만 골라 뜯어 먹는 재미가 있는 구이 메뉴이다. 돼지 갈빗살의 육즙과 풍부한 감칠맛, 갈비뼈 골즙에서 나오는 향과 담백한 살코기 맛이 어우러진 쪽갈비는 삼겹살이나 목살과는 또 다른 매력의 육류 아이템이다. 간장이나 매운 양념이 주먹밥과도 잘 어울려 식사로도 좋고 뼈에 붙어있는 살을 뜯어먹는 맛에 술 안주로도 좋아 쪽갈비는 가족 외식과 2차 주류 고객을 동시에 확보할 수 있다는 강점을 가졌다. 더구나 덤앤덤쪽갈비는 세트메뉴에 푸짐한 양푼이김치찌개에 돼지껍데기까지 서비스로 나가기 때문에 가성비 아이템으로는 1등이다.

또한 창업시장에서도 식속 아이템이다. 본사에서 물류 마진을 남기기보다 가맹점주와의 공동구매를 통해 좋은 물류를 균일한 품질로 들여오는데 주력하고 있으며, 매장 오픈 시 인테리어나 주방설비, 주방집기, 간판 등도 점주가 자율적으로 진행하며 비용을 최소화 할 수 있다는 점도 강점이다.

2017년 5월 브랜드를 론칭한 덤앤덤쪽갈비는 현재 35여개의 매장을 보유하고 있고 창업비용은 99.17m²(30평 기준) 약 7500원 선이다. 전화는 055-255-9225 이다.

4) 생갈비 전문점

(1) 〈초량돼지갈비〉

'초량돼지'는 테헤란로 일대 손에 꼽히는 회식 명소다. 메인메뉴로 생돼지갈비와 제주식 삼겹살을 판매하면서 경상도식 사이드메뉴를 접목해 색다른 콘셉트를 가미했다.

① 부산 돼지갈비와 땡초의 만남: 초량돼지가 오픈 후 1년 좀 넘는 시간 동안 인근 직장인들의 회식 성지로 자리매김 한 것은 개성 있는 육류와 사이드메뉴 구성 때문이었다. 메인메뉴는 육겹생갈비와 초량돼지갈비, 제주도 오겹살과 목살이다.

그중 육겹생갈비는 부산식 갈비다. 갈빗대와 살코기, 지방 부위를 한꺼번에 맛볼 수 있도록 원육 사이사이 '소갈비'처럼 포를 떠서 제공한다. 부산 돼지갈비 골목으로 유명한 초량동의 돼지갈빗집에서 볼 수 있는 스타일로 서울에서는 '생돼지갈비', 또는 '삼겹갈비'라고 부른다. 초량돼지의 '초량' 도 부산 초량동의 지명을 따왔다. 갈빗대와 살코기, 지방이 적정비율로 붙어 있는 육겹생갈비는 기존 간장 양념 베이스의 돼지갈비에만 익숙했던 젊은 고객의 입맛을 단시간에 사로잡았다. 육겹생갈비는 삼겹살보다 덜 느끼하면서 칼집을 낸 사이사이로 불 맛이 골고루 배어 고기의 감칠맛이 뛰어나다. 본래 갈비는 '씹고 뜯는 맛' 에 먹는 것처럼 이 곳 육겹생갈비도 마지막엔 두 손으로 갈비를 붙잡고 뜯어 먹는 재미있는 메뉴이다.

제주 오겹살은 껍데기와 살코기, 지방 조직이 비교적 단단해 고기 사이사이 칼집을 깊숙하게 낸 후 제공한다. 쫄깃한 오겹살과 목살은 제주도식 멜젓에 찍어 먹거나 깻잎 장아찌에 싸먹는다. 탱글탱글한 식감이 재미있는 오겹살은 부드러운 육겹생갈비와는 또 다른 매력을 지녔다.

이곳은 쌈 대신 고기와 곁들일 찬으로 채썬 땡초에 간장양념을 부어 제공한다. 땡초는 청양고추를 뜻하는 부산 사투리다. 어떠한 음식을 먹든 청양고추를 곁들이는 부산의 음식문화를 반영한 것이다. 깻잎 장아찌에 멜젓을 찍은 돼지갈비와 땡초를 잔뜩 올려 싸먹는 것 또한 별미다.

② 다양한 경상도식 사이드메뉴로 콘셉트 차별화: 초량돼지는 부산

스타일의 사이드메뉴도 다양하게 구성하고 있다. 부산의 명물 비빔당면은 당면을 매콤한 소스에 비벼 먹는 음식으로 이곳의 킬러 콘텐츠가 됐다. 냉면이나 막국수와 같은 면 메뉴대신 비빔당면을 서비스해 만족도를 높였다.

이곳 대표가 어린 시절 고향 부산에서 먹었다는 디스코 오뎅은 튀긴 어묵에 초장으로 양념한 양배추 샐러드를 얹어먹는 메뉴인데 의외의 조합이 잘 어울리며 스토리도 있다. 디스코오뎅이 중장년층의 추억을 떠올리게 한다면 바나나튀김은 어린 아이를 포함한 가족단위 고객에게 반응이 좋은 메뉴이다. 바나나를 튀겨 마요네즈 드레싱 샐러드와 함께 제공하는데 꾸준히 반응이 좋아 디스코오뎅과 함께 기본 찬으로 내고 있다.

젓가락 놓을 틈 없이 이어지는 푸짐한 후식메뉴도 돋보인다. 등뼈된장+누룽지는 냉이가 들어간 된장찌개에 살이 많은 등뼈를 푸짐하게 넣는다. 함께 나오는 뜨거운 누룽지는 고기를 먹으면서 기름져진 입을 깔끔하게 정리해준다. 등뼈김치찜은 식후 안주로 먹기 위해 많이 주문하는 메뉴다. 만드는데 손이 많이 가는 메뉴지만 단골을 위해 꾸준히 판매하고 있는 메뉴다.

초량돼지의 주요메뉴는 육겹생갈비 200g 1만6000원, 오겹살 170g 1만4000원, 목살 170g 1만4000원, 초량돼지갈비 200g 1만4000원이며 서울시 남구 테헤란로 108길 12에 소재하고 있다. 전화는 02-508-0012 이다.

(2) 비주얼. 상품력. 실속 〈고인돌 생갈비〉

메인메뉴인 고인돌 생갈비는 마치 '무기'를 보는 것 같고, 한우 육회초밥은 로 길이만 55cm다. 경기도 수원에서 시작해 현재 20여 개의 가맹점을 오픈한 '고요남'은 비주얼과 상품력, 실속 3박자에 충실한 브랜드다. 실속 있는 한식 아이템에 젊은 고객층이 선호할 만한 비주얼과 콘셉트를 가미, 대중성과 트랜드를 동시에 확보했다.

① 실속과 개성 살린 '비주얼 폭발' 메뉴: 고인돌을 형상화한 큼직한 갈비와 테이블 한쪽을 다 차지할 만큼 시다란 한우육회초밥, 모차렐라치즈를 잔뜩 올린 떡갈비 등 '비주얼 폭발' 메뉴 구성에서 젊은 고객층을 겨냥한 의도가 보인다.

그러나 진짜 고요남의 핵심은 정통 한식에 기반을 둔 메뉴 구성이다. 한국인 입맛에 익숙한 간장 양념 베이스의 소갈비, 연령 상관없이 술안주로 인기 있는 물회와 육회, 푸짐한 육회비빔밥 등 스테디셀러 아이템을 취급하면서 개성 있는 콘셉트로 차별화한 것이 경쟁력이다.

고인돌 갈비는 건장한 남성 팔뚝만 한 갈빗대를 통째로 올려내는 만화 같은 비주얼에 오픈 초창기부터 관심을 끌었다. 큼직한 방짜 냄비에 갈비 육수와 갈빗대, 각종 채소를 함께 올려 약불에 익히다가 파채와 부추를 수북이 쌓아 즉석에서 바글바글 끓여 먹는 메뉴로 20대부터 50대 중년층까지 다양한 연령대가 즐겨 찾는다. 일반 갈비찜과 달리 육수를 넉넉히 제공, 육회비빔밥이나 치즈볶음밥을 별도 주문해 갈비 국물을 곁들여 먹기도 한다.

한우육회초밥은 사이드 겸 식사용으로 주문율이 높은 고요남의 시그니처메뉴다. 가로 길이 55cm의 기다란 목재 식기에 특제 소스로 버무린 달착지근한 밥 위에 육회를 올려 낸다. 육회용 고기는 한우 우둔살을 사용한다. 조직이 단단하고 쫄깃해 밥과 잘 어울리고 '한우 육회'의 상품력도 잘 살렸다.

② 배달 콘텐츠. SNS 채널 적극 활용: 인스타그램 페이지에 해시태그로 #고요남을 검색하면 3만 여 건의 사진 콘텐츠가 업데이트돼 있다. SNS에 특화된 20~30대 젊은 고객들이 메뉴 사진을 #비주얼대박, #고인돌갈비, #내다리보다긴육회초밥 등의 재미있는 해시태그와 함께 올려 놓았다. 55cm 한우육회초밥 옆에 두 팔을 벌려 길이를 비교하는 사진, 고인돌갈비의 크기를 보여주기 위해 맥주병과 갈비를 나란히 두고 찍은 사진도 심심찮게 볼 수 있다. 페이스북에는 고

요남 지점별로 홍보 페이지를 만들어 메뉴 사진과 고객 리뷰를 실시간 업데이트한다. 반응이 좋은 게시물은 '좋아요' 수가 700~800건 이상이다.

외식업 운영 시 신규고객 유입이 가장 중요하고 그 다음은 재방문율을 높이는 것이다. 신규 고객을 끌어 들이는 데 가장 최적화된 방법은 SNS를 적극 활용하는 것이다. 페이스북과 인스타그램을 통해 고요남 메뉴 스토리텔링과 흥미로운 사진, 고객 리뷰를 예쁘게 편집해 업데이트 한다. 오픈 1년여 만에 SNS 홍보로 전국 매장 별 단골고객이 평균 20~30% 이상 늘었다.

③ 점심.저녁.배달.테이크아웃 4중주 '실속창업' : SNS 노출만큼 배달앱 서비스도 적극 활용한다. 배달의 민족, 푸드플라이 등 강남지역 중심으로 배달 서비스를 확장하고 있으며, 강남을 제외한 서울지역과 지방의 경우 가맹점의 선택사항에 따라 배달 서비스를 일부 시행 중이다. 1인 가구를 겨냥한 밀착 서비스로 브랜드 인지도도 높이고 추가 매출도 끌어내고 있다. 점심과 저녁, 배달, 테이크아웃 등 '4중주 판매'를 통해 시간별 틈새 매출을 골고루 올리고 있는 부분도 강점이다. 낮시간 식사고객은 물론 저녁시간 주류고객, 배달이나 테이크아웃 중심의 1인 고객, 단체 회식이나 가족 모임 등 다양한 형태의 고객을 수용할 수 있는 메뉴 구성과 판매 전략이 눈에 띈다.

5) 신개념 갈비 전문점

(1) 신개념 〈육장갈비〉

고기전문점 운영은 초보 창업자에게는 다소 어려운 분야다. 그러나 〈육장갈비〉는 이런 조건에서 비교적 자유롭다. 가맹점주를 위해 보다 손쉽게 운영 할 수 있도록 최상의 시스템을 갖췄기 때문이다.

① 가맹점주를 위한 편리한 시스템: 공동대표가 이끄는 ㈜마루에프씨의 제2브랜드 〈육장갈비〉는 신개념의 갈비 전문점이다. 〈서서갈비〉는 6.25전쟁 이후 어려운 시절에 드럼통 위에 고기를 올려놓고 서서 먹었다는 데서 유래됐다. 이를 한 단계 업그레이드 시킨 갈비 전문브랜드가 〈육장갈비〉다. ㈜마루에프씨 사무실 건물 1층에 있는 개인 갈비전문점 〈서서갈비〉의 맛을 보고 반한 이곳 대표가 이를 벤치마킹해 제2브랜드로 론칭한 것이다.

육장갈비를 먹는 방법은 일반갈비와 다르다. 쇠갈비를 재운 양념 육장소스를 불판 위에서 한 번 끓인 후, 그 소스에 구운 고기를 찍어 먹는다. 끓인 육장소스에 고기를 담가두었다가 먹으면 더 부드럽게 즐길 수 있다. 〈육장갈비〉는 본사에서 안창살과 갈비본살을 섞어 가공한 후 진공포장해서 육장소스와 함께 매장에 공급한다. 이렇게 본사에서 가공해 제공하기 때문에 주방장이 따로 필요 없다.

〈육장갈비〉는 가공기술이 어려워 매장에서 직접 가공하기 힘든 품목이다. 본사에서 일정 양만 당일 가공해 매장에 공급하고 공급된 양이 모두 소진되면 판매가 중단된다. 이렇게 본사에서 가공된 완제품을 공급할 수 있는 것은 다년간 연구개발해 뛰어난 기술의 공장 시스템을 갖췄기 때문이다. 뿐만 아니라 숯에 불을 붙여 수고스럽게 숯불을 만들 필요가 없다. 숯을 로스터에 바로 넣고 가스를 점화시켜 불을 붙이는 방식인 '착화식 로스터'를 사용하기 때문이다. 별도의 숯 장치실이 필요하지 않기 때문에 숯불 담당직원도 따로 둘 필요가 없어 인건비 절감에서도 효율적이다. 또 타지 않는 불판으로 세척의 부담도 줄였다. 이렇게 주방장, 숯불 장치, 불판의 세척부담이 없는 가맹점주를 위한 3無시스템은 〈육장갈비〉의 경쟁력이다.

② 매뉴얼화된 매장관리: 프랜차이즈 각 파트에서 수십 년간 몸담았던 베테랑 인력들로 이루어진 ㈜마루에프씨는 그만큼 탄탄한 매장 관리 시스템을 갖추고 있다. 조리 매뉴얼과 운영 매뉴얼북이 따로 갖춰져 있어 매장 오픈 후 운영의 어려움이 없도록 했다. 브랜드 콘셉트에 맞는 정형화된 매뉴얼북이 반드시 있어야 한다. 물류. 조리. R&D 시스템 등이 확실하게 구축돼있고, 슈퍼바이저가 오픈 후 정기적으로 방문해 매뉴얼대로 시행되는지 점검하면서 매장관리 시

스템을 다져나간다.

같은 상권과 브랜드라도 가맹점주의 능력에 따라 성공여부가 확정된다. 그리고 가맹점주의 역량이 제대로 발휘되기 위해서 본사의 시스템과 매뉴얼 교육이 기본적으로 뒷받침 돼야 한다. 또한 소비자에게 최고의 반응이 나올 수 있는 메뉴를 개발하기 위해 끊임없이 노력해야 하기 때문에 R&D의 중요성이 강조된다. 이렇듯 탄탄한 본사 체계구축을 위한 노력은 제1브랜드 〈우마루〉의 성공에 이어 〈육장 갈비〉의 밝은 전망을 기대하게 한다.

③ 쉽고 간편한 조리, 인건비 절감이 핵심; 인력관리에 어려움을 겪었던 경험을 바탕으로 유능한 인재를 양성하면 퇴직을 하는 등 여러 가지 문제가 끊이질 않았던 것이다. 이에 '1인 다역'을 소화할 수 있는 전문 인력 시스템을 가동해 인원을 최소화하고 있다. 매장 역시 인력관리가 관건으로 쉽고 간편한 조리가 가능하도록 해 그만큼 인력을 줄여 인건비를 절감하는데 노력해 왔다. 그런 면에서 〈육 장갈비〉는 본사에서 가공된 고기를 공급받기 때문에 복잡한 조리과 정이 생략되고 인건비절감 측면에서 타 고기브랜드보다 우위에 있다. 〈육장갈비〉는 업종전환을 하거나 고기전문점을 처음 접하는 초보 창업자까지 어려움 없이 운영할 수 있다. 앞으로 고기전문브랜드로서 가맹점주들이 최소비용으로 최고의 수익률을 낼 수 있도록 꾸

준히 연구를 지속해갈 예정이다.

〈육장갈비〉는 서울시 송파구 신천동 11-9 한신코아오피스텔 520
호에 소재하고 있으며 전화는 1588-9280 이다.

(2) 〈남노물갈비〉

〈남노갈비〉는 1972년 전주 남노송동 사거리에서 '물갈비'를 처
음 선보인 곳이다. 물갈비는 40여 년이 지난 지금은 비빔밥만큼이나
전주를 대표하는 향토음식으로 잘 알려져 있다. 남노갈비는 오랜 매
장 운영 경험을 바탕으로 지난 2004년부터 공식적인 프랜차이즈 사
업을 시작, 현재 25개의 매장을 운영하며 본격적인 전국구 진출을
선포했다.

2004년 2월 브랜드를 론칭한 이곳은 현재 25개 매장을 운영중이
다. 대표메뉴로는 남노물갈비(大 3만5000원, 中 2만5000원), 남노오
겹살(1만1000원), 남노불고기전골(7000원), 남노정식(6000원)이 있
다. 창업비용 8480만 원(99m² 기준)이며, 전화는 02-2203-1896(서울
사업본부)이다. (www.namno.co.kr). 남노갈비는 좌식 형태의 편안
한 인테리어 콘셉트와 입지전략 주거 및 오피스 밀집지역과 번화가
에 적합하다는 경쟁력을 가지고 있다.

① 창업형태 다양한 것이 장점: 외식시장의 최근 키워드가 바로 HMR, 테이크아웃이다. 경기불황으로 외식빈도가 줄어들면서 가정에서 간단한 조리를 통해 즐길 수 있는 음식이 각광받고 있는 것도 이 때문이다. 하지만 메뉴군은 샐러드나 이탈리안 음식 등 젊은층에 국한되어 있었다. 실험적으로 서울 잠실에 테이크아웃 전문 매장을 오픈한 것도 이러한 아쉬움 때문이다. 남노갈비는 물론 물갈비라는 메뉴 자체가 생소한 고객들에게 내방이 아닌 테이크아웃을 유도하는 것이 쉬운일은 아니었지만, 맛만 본다면 단골로 만들 자신이 있었다. 실제로 잠실점은 오픈 3달여 만에 재방문율이 90%에 달하는 큰 호응을 얻었다. 무엇보다 갈비, 전골류 등이 테이크아웃이나 간편식에 적합하지 않을 것이라는 편견을 깬 것이 주효했다. 테이크아웃 메뉴는 양념육과 콩나물, 당면을 포장해 제공하기 때문에 구입한 고객은 물을 붓고 끓여먹기만 하면 된다. 제공하는 입장에서도 매우 간단해 타 테이크아웃 전문점보다 매장 공간 활용에 장점이 있다. 대형매장, 가족외식메뉴의 대명사인 갈비지만, 실제 운영결과 다양한 측면에서 활용이 가능하다. 여름철에는 캠핑에서 즐기기 좋은 메뉴로 크게 각광을 받기도 했다. 외식시장을 입체적으로 보고 고객들이 전통 한식을 다양하게 즐길 수 있도록 노력을 아끼지 않아야 한다.

② 전주의 맛을 전국에 알리다: '물갈비'의 원조임을 자부하는

〈남노갈비〉는 전주를 근간으로 한 향토 브랜드다. 지난 1972년 전주 남노송동사거리에서 창업하여 물갈비를 처음 선보였으며, 이후 2004년부터 본격적으로 프랜차이즈 사업을 시작해 전주지역을 중심으로 매장을 넓혀갔다. 프랜차이즈 전문기업 ㈜조이에프앤비가 맛의 고장 전주의 향토음식인 물갈비의 전국구 진출을 위해 브랜드를 인수한 것이 지난 2011년으로 서울 신사역 인근에 매장 오픈을 시작으로 잠실점, 그리고 중계점까지 수도권에 줄줄이 오픈행렬을 이어가고 있다. 물갈비는 대중적이고 친숙한 서민음식이자 맛의 고장 전주를 대표하는 향토음식이기 때문에 전국에 통할 것이라는 확신을 갖고 있었다. 전주의 맛 그대로 가감 없이 서울에 선보인 것이 오히려 고객들의 높은 호응을 이끈 것이다.

③ 40년 전통의 맛, 시스템으로 구현: 남노갈비가 본격적인 가맹사업에 앞서 가장 고민한 것은 바로 전통의 맛을 전국의 가맹점에서 어떻게 구현할 것인가 였다. 이 때문에 프랜차이즈 사업을 시작하면서부터 가장 먼저 선행한 것이 바로 자체 물류시스템을 완비한 것이다. 남노갈비의 자체 물류공장에서 생산하는 물갈비는 양념육 형태로 매장에 제공하며, 당일배송을 원칙으로 하고 있다. 기존 육류와 소스를 별도로 제공했을 때 맛의 균일화에 어려움을 겪은 것을 양념육 형태로 제공해 보완한 것이다. 전주에 위치한 물류공장에서는 매

일 가맹점에서 원하는 수량만큼 당일배송이 가능하도록 하고 있으며, 신선도가 중요한 콩나물 등은 매장에서 직접 수급하고 있다.

콩나물의 경우 현재 선도 및 가격 등을 고려해 매장에서 자체 사입하고 있지만 향후 본사 차원에서 전주콩나물을 대량으로 수급해 매장에 제공하는 것도 고려하고 있다.

3. 닭갈비 전문점

닭갈비는 1990년대와 2000년대 초반, 최고의 인기 아이템이었다. 저렴한 가격에 푸짐한 모양새로 소비자의 지갑을 유혹했다. 2018년을 시작하며 닭갈비집을 다시 주목한다. 외식업계에 드리운 불황이 좀처럼 회복하기 힘들어 보이기 때문이다. 전통의 닭갈비 전문점으론 젊은 세대의 기호를 맞추기 힘들다. 닭갈비 전문점의 새로운 그림을 그릴 시점이다.

1) 핵심고객 젊은 세대 공략이 관건

많고 많은 닭요리 중에서도 닭갈비는 한국 사람들에게 꾸준한 사랑을 받는 음식이다. 각종 야채를 사용에 영양섭취와 식감을 잡았고, 매콤한 양념으로 조리해 한국인이 좋아하는 맛을 낸다. '닭갈비'는 본래 홍천 지역에서 먼저 만들어진 것으로 추정되나, 춘천지역을 중심으로 강원도 전역과 중부지방 등으로 퍼져나갔다.

2) AI(조류독감) 외부요인 걸림돌 극복과 대처

잊을 만하면 한 번씩 터지는 조류독감은 닭요리 전문점의 고민이다. 매출이 낭떠러지로 곤두박질친다. 또한 닭갈비는 2000년 이전 식품으로 늘 새로운 걸 추구하는 소비자들에게는 신선함이 떨어지는 메뉴일 수 있다. 닭갈비는 원래 맛에 의해 매출이 큰 폭으로 영향을 받는 특성을 갖는다. 이는 닭갈비의 맛을 좌우하는 양념장의 제조법에 따라 맛에 차이가 크기 때문이다.

체인점이라면 본사에서 소스를 공급받고 조리해서 서비스하면 간단하다. 하지만 그 맛이 수요층의 입맛을 사로잡을 수 있는 경쟁력이 있는 것인가를 사전에 예비창업자가 직접 확인해보는 것이 위험요인을 줄이는 길이다.

독립점을 운영할 계획이라면 유명하면서도 수익성이 높은 업소를 찾아가 비법 전수를 타진해 보는 것도 한 가지 방법이다.

3) 닭갈비 전문점의 경쟁력과 SWOT분석

한국계육협회에 의하면 우리나라 국민 1인당 연간 닭 소비량 은 매년 증가하고 있는 것으로 나타났다. 닭요리는 통상 마진율이 70% 에 육박할 정도로 수익성이 높은 아이템로 유명하다. 닭갈비도 마찬 가지다. 닭갈비 전문은 30~40대의 직장인에겐 공복을 채우며, 정서 적 여유를 주는 서민 아이템이다. 닭갈비는 유행과 쇠락의 사이클로 2000년 이후에는 찜닭, 불닭의 등장으로 입지가 좁아졌다. 닭갈비는 최근 경기적 불황을 극복할 서민음식으로 다시 입지 다지기에 나서 고 있다.

〈표4〉 닭갈비전문점의 경쟁력(SWOT분석)

강점(Strength)	약점(Weakness)
닭갈비는 마진율이 높은 편에 속하고 수익의 기복이 별로 없다. 계절도 크게 타지 않아 절기에 따른 매출 영향이 적다. 원재료 비용이 저렴하고 밑반찬이 거의 없기 때문에 재료원가가 많이 들지 않는다.	닭갈비는 양념장의 맛에 매출이갈린다. 양념장과 화력조절에 특색이 없다면 성공을 기대하기 힘들다.
기회(Opportunity)	위협(Threat)
닭갈비는 객단가가 낮다. 메뉴자체의 가격이 높지 않기 때문. 경기가 불황일 수록 서민들이 애호하는 음식이다.	닭갈비를 포함한 닭요리의 최대고비는 조류독감이다. Ai파동이 일어나면 매출 하락을 이겨내지 못하고 문을 닫는 업 체들이 많다.

자료: 김상훈, 「월간외식경제」, (2016. 2), 115-119.

4) 왜 닭갈비에 주목해야 되는가?

현재 우리가 먹는 닭갈비의 탄생은 1960년대로 추정된다. 지금의 춘천 조양동 삼성생명 본점자리에서 한 사람이 닭 불고기집을 시작해 퍼졌다는 것이 정설이다. 최근에 들어 닭갈비는 다시 한 번 부활을 예고하고 있다. 경기불황기에는 객단가 1만원 이하의 서민형 아이템이 부상한다는 것이 업계의 정설이다. 닭갈비의 제3의 전성기를 기대해볼만 하다.

5) 투자금액과 예상수익성

지하철역 인근의 먹자골목이나 대학가 오피스 주변에서 어느 정도 규모의 점포를 임대받으려면 보증금과 권리금을 합해 최소한 1~2억이 필요하다. 닭갈비 전문점은 인테리어와 시설비에 대한 투자는 상대적으로 적은 편이다. 고객이 부담 없이 찾기 좋은 이미지를 위해 시설은 청결한 이미지를 줄 수 있는 선에서 절약할 수 있다. 테이블당 단가는 3만원 정도다. 20개 정도의 테이블을 비치하는 것이 적당하다. 주요 입지의 닭갈비 전문점은 테이블 회전율이 2회다. 평균 하루 매출은 100만원 내외이며, 월매출은 2500만~3000만원 내외를 기록하는 매장이 많다. 매출액 대비 순이익률은 30%에 달한다.

〈표5〉 닭갈비 전문점, 대학가·먹자골목 상권을 노려라

적합상권 유형		장·단점
제1후보지 **(지하철역 인근** **먹자골목)**	장점	지하철역 인근 먹자골목이나 중심상가 이면도로는 닭갈비 전문점의 최적 입지다. 내부가 들여다보이는 1층 매장이면 더욱 좋다. 우선 유동인구가 많고, 저녁모임이 많이 이루어지는 곳이라 소모임이나 회식 수요가 많다.
	단점	주 영업시간이 밤이기 때문에 늦은 시간까지 영업을 해야 한다. 체력이 뒷받침되지 않으면 운영에 차질을 빚을 수 있다.
제2후보지 **(대학가 주변)**	장점	닭갈비에 대한 선호도가 가장 높은 계층이 모이는 지역이다. 맛과 서비스에 관리를 잘하면 단골손님 확보가 용이하다.
	단점	점포 구입단계에서 투자비용이 높다. 물건을 구하기도 쉽지 않다. 어설프게 접근하면 손해만 볼 확률이 높다.
적합상권 유형		장·단점
제3후보지) **(사무실주변** **유동인구 많은** **곳)**	장점	직장인들의 모임 장소로 콘셉트를 잡는 게 중요하다. 점심메뉴를 개발해 점심영업을 기대 할 수 있다.
	단점	주말 매출을 기대하기 어렵다. 저녁 매출이 중요한 업종이지만, 퇴근시간대 매출이 생각만큼 나오지 않을 가능성도 있다.

II

구이 전문점

1. 전국 어느 골목에서나 볼 수 있는 구이 전문점

1) 구이 전문점의 발전

우리나라 외식 시장에서 망하지 않는 아이템으로 주목받는 것 중의 하나가 고깃집이다. 그래서 전국에 어느 골목을 가도 고깃집은 쉽게 눈에 띈다.

이러한 고기관련 아이템 중 구이는 고기 또는 해산물 등을 숯불에 구워먹는 방식을 총칭하는 것으로, 인류가 불을 활용하면서부터 직화구이 방식이 시작되었다고 볼 수 있으므로 가장 오래된 음식문화라 할 수 있을 것이다.

현재 외식시장에서 성업 중인 화로직화구이는 강원도 홍천에 살던 노부부가 길옆에서 고추장을 바른 고기를 참숯화로에 조금씩 구워 팔던 것이 계기가 되어 전국으로 널리 퍼지면서 지금의 양념한 돼지고기(특히 돼지갈비)를 숯불에 구워먹는 아이템으로 발전해 왔다.

직화 화로구이는 달달한 양념맛과 고기의 담백한 맛 그리고 다양한 종류의 밑반찬으로 풍성한 식탁을 제공하여 남녀노소가 즐기는 음식이며 특히 달달한 맛으로 어린이들에게도 인기가 좋다. 아울러 된장찌개, 냉면 등의 식사메뉴도 제공하므로 가족단위 외식선호가 높은 편이다. 따라서 화로구이는 입지선택에도 변화를 가져왔는데, 초기에는 직장인이나 20대 내지 30대 초반의 젊은 고객이 많이 모이는 상권이 상대적으로 유리했으나, 가족단위 외식 선호도가 높아짐에 따라 지금은 주택가 상권이 더 적합해졌다. 또한 소갈비, 불고기, 육회, 돼지갈비, 삼겹살 등 소고기와 돼지고기를 고루 취급하나, 화로구이 자체가 서민형 중저가 브랜드로 인식되어 소고기 보다는 돼지고기의 수요가 많은 편이다.

이러한 화로구이점은 많은 경쟁점의 진입과 대규모 객장을 사용하는 프랜차이즈 출현 등으로 경쟁이 심화되었고 신메뉴의 개발이 지체되어 수요가 다소 주춤한 상황이다. 그러나 기본적인 수요층은 항상 존재하므로 소비자의 니즈에 맞는 분위기 개선, 메뉴개발 등 창업자의 노력이 필요한 상황이다.

2) 구이 전문점의 현황

통계청에 의하면 우리나라 전체 외식업체수가 약 70만여개로, 우리나라 국민이 약 5,000만명임을 감안하면 1업체당 고객수가 약 71명으로 경쟁이 치열할 수밖에 없는 현실이다.

아울러 구이관련 음식점도 경쟁이 치열한 것으로 확인되는데, (사)

한국음식업중앙회에 의하면 2017년 말 기준 회원업소 가운데 약 54.7%인 23만여 업체가 구이관련 한식점인 것으로 나타났다. 이는 구이관련 음식점이 두 세집 간격으로 영업 중이라 하여도 과언이 아닐 정도로 그 수가 많은 실정이다.

이러한 구이관련 음식점 중 돼지갈비를 주 메뉴로 하는 화로구이는 최근 몇 년간 눈에 띄는 성장세를 보였으나 최근 주춤하고 있는데, 사업성이 양호함이 알려지면서 경쟁점이 많아졌음에도 불구하고, 고객의 변화하는 까다로운 입맛을 맞추기 위한 노력이 지연되고 있다.

3) 구이 전문점의 사업전망

구이 전문점은 10여년 전이나 최근이나 유행에 큰 변함이 없는 것으로 나타나고 있다. 이는 여러 사람이 어울려 외식하기에 가장 무난하고 편안하게 접할 수 있는 메뉴가 육류이며, 그래서 선택하는 업소 역시 구이전문점이라는 것에 이의를 제기할 사람은 아무도 없을 것이다.

시대가 변함에 따라 외식패턴도 크게 변화하고 있지만 구이전문점에 대한 선호도는 예나 지금이나 변함없이 높다. 통계에 의하면 10

대~20대 젊은층이 가장 선호하는 외식업종은 패스트푸드(피자) 다음으로 구이전문점을 꼽고 있다. 이렇게 기성세대는 물론 젊은층도 많이 선호하는 것을 보면 급변하는 시대 속에서도 구이전문점의 인기는 여전히 지속될 것이다.

4) 구이 전문점의 시설운영

화로.직화구이 전문점의 시설비품은 다음과 같으며, 각 수량은 사업장 규모에 맞추어 적절히 구입해야 한다.

로스터, 구이판, 갈비판, 전골냄비, 고기쟁반, 반찬접시, 뚝배기 집게, 불가위, 고기집게, 주방 집게, 국수그릇, 타원형그릇, 쌍초장 그릇, 원초장 그릇, 위생도마, 칼, 숫돌, 양념통, 믹싱볼, 저울, 계량스푼, 계량컵, 소쿠리, 배식쟁반, 주방용 국자, 수저, 양념스푼, 프라이팬, 냉장고, 냉동고, 김치냉장고, 식기세척기, 가스렌지, 밥솥, 보온밥통, 작업대, 싱크대, 배기후드(주방과 홀), 선반, 보관 용기대, 잔반처리대, 객장용 테이블 및 의자, 쓰레기통 등을 우선 확보해야 한다.

사업의 운영계획은 사업을 운영하는데 각 사항을 예측하여 정리하는 것으로 '운영 매뉴얼' 이라 할 수 있으며 점포운영 계획, 상품계획(메뉴), 구매계획(원재료 수급), 조직계획, 홍보마케팅 계획 등이 필요하다. 특히 상품계획은 각 메뉴의 레시피와 함께 밑반찬의 종류도 구체적으로 제시하며, 원재료의 공급라인 및 절차 등도 구체적으로 기재한다. 또한 총 인원수별 업무분장을 명확하게 기재하며, 고객확보 및 인지도 확대를 위하여 전단지 배포계획, 포인트제도 운영계획 등 홍보마케팅 계획과 일정 등도 구체적으로 기재한다.

요즘은 각종 정보를 쉽게 습득할 수 있고, 소비자의 입맛이 까다로워 소비자의 입맛을 맞추기 위해서는 양질의 고기를 수급하는 것이 무엇보다 중요하며, 천연 웰빙재료를 이용하여 양념과 소스를 만들어야 한다. 또한 화로구이의 특성상 밑반찬을 많이 제공하여 식탁이 풍성해보이도록 하는 것이 중요하며 백김치, 동치미, 고추냉이에 절인 무 등은 화로구이 고객에게 인기 있는 반찬으로 반드시 포함시키는 것이 바람직하며 레시피에 기초하여 음식조리의 각 과정을 사진으로 찍어 표시하면 이해가 쉽고 각 과정의 검증이 용이하여 바람직하다.

5) 구이 전문점의 매출계획

재무적 상황을 기재하는 것으로 매출계획(추정 매출액), 추정손익계산서, 손익분기점 매출액, 운영비계획 등을 기재한다.

추정손익계산서는 월평균 매출액에서 매출원가와 판매 관리비를 제하고, 영업외 이익(이자수익)과 비용(이자비용)을 가감하면 세전 이익(경상 이익)이 계산되며, 이 금액이 실질 이익이라 하여도 무방하다.

이러한 추정손익계산서는 매출동향, 원가동향, 판매관리비동향 등을 실시간으로 파악 가능하여 적절한 운영전략 수립이 가능하다. 즉 순이익의 변화가 있을 경우 그 원인이 매출액의 변동에 기인한 것인지, 전체적으로 외식 시장의 진입이 용이하여 경쟁이 치열한 상황이므로, 창업시장 진입은 신중하고 꼼꼼한 검토가 진행되어야 한다. 특히 화로구이는 최근 몇 년간 경쟁업체의 꾸준한 진입으로 경쟁업체의 난립에다 신규진입업체가 자금력을 바탕으로 대규모로 출점하여 경쟁이 더욱 어려운 실정이다.

이러한 때에 충분한 검토와 분석 없이 창업하는 경우 실패 확률이 높을 수밖에 없으므로, 경쟁점과 차별화전략을 수립하고 충분히 준비하여 진입하여야 한다.

화로구이 업종연구를 위해 취재한 몇몇 업체를 보면 해당분야에서 충분한 경력을 쌓았음은 물론, 본인만의 독특한 소스제조법을 확보하였거나 또는 양질의 재료를 값싸게 공급받는 유통라인을 확보하여 고객에게 품질과 맛을 인정받고 있으며, 전 직원들은 친절한 서비스

를 제공하고 아울러 고객의 클레임에 신속히 대응하는 등 고객만족
도가 높았다.

예비 창업자들은 성공한 업체들과 같이 높은 품질과 서비스로 차
별화하는 전략이 무엇보다 중요하다. 아울러 외식 아이템이 다양화
되어 화로구이 메뉴의 매출이 다소 주춤한 상태에 있으므로 까다로
운 소비자의 입맛에 맞추기 위한 메뉴개발, 소스개발 등 끊임없는
혁신노력이 중요하다.

구이관련 외식메뉴는 창업시장에서 꾸준히 사랑받는 아이템이고,
고도의 기술력을 요하는 업종도 아니어서 진입장벽이 낮은 편이다.
따라서 자기만의 독특한 맛과 합리적 가격, 서비스로 차별화하고 객
단가를 높이며 원가율을 낮출 수 있는 노하우를 습득한 후 창업하는
것이 성공을 앞당길 수 있다.

또한 많은 자영업자들이 창업 후 안정적 매출이 가능하게 되면 긴
장이 풀어져 고객관리, 홍보마케팅 등의 관리가 느슨해지고 그 결과
매출감소로 고생하는 경우가 많은데, 사업이 안정기에 진입될수록
위기의식을 가지고 끊임없는 혁신으로 새로운 고객을 창출하는 노력
을 기울여야 한다.

2. 구이전문점의 상품유형별 우수 성공브랜드

1) 생구이 전문점

(1) 〈몽실식당〉

경기도 양평 〈몽실식당〉은 다른 고깃집에는 없는 이색메뉴로 전국구 맛집이 된 곳이다. '도래창'이라고 불리는 특수부위와 '흑돼지스테이크'를 판매해 유명세를 탔는데 평일엔 양평 장터를 찾은 현지인들이, 주말에는 전국에서 모인 관광객들이 도래창과 흑돼지스테이크를 맛보기 위해 줄 선다. 최근 전 메뉴와 운영 매뉴얼을 기반으로 전수창업을 시작했다. 40년 영업노하우와 메뉴 기술을 100% 오픈하겠다고 나선 것이다.

2008년 10월 브랜드를 론칭한 〈몽실식당〉의 대표메뉴는 흑돼지삼겹살(180g 1만3000원), 흑돼지스테이크(180g 1만1000원), 버섯도래창(1인 1만원), 불고기된장찌개·불고기냉면(각 7000원), 뼈다귀해장국(6000원)이다. 현재 경기도 양평군 양평읍 양평장터길 9-1에 소재하고 있으며 전화는 010-3318-2286 이다.

다른 집에는 없는 메뉴 흑돼지스테이크와 도래창으로 흑돼지 전지부위를 구이메뉴로 상품화, 특수부위인 도래창의 인기가 독보적이다.

매장에서 직접 담근 갈치속젓과 재래식 된장찌개가 포인트로 갈치속젓, 재래된장은 별도포장 판매해 추가 매출을 높여주고 있다.

12가지 가정식 반찬 무한리필 '가성비' 탁월한 착한식당으로 가격대비 만족도를 높이기 위한 '착한가격' 전략을 실시, 줄서는 맛집으로 등극했다. 이것이 〈몽실식당〉의 경쟁력이다.

도래창을 아시나요?: 도래창은 돼지 장 사이에 있는 막으로 정식 명칭은 '장간막'이다. 돼지의 횡경막을 둥글게 잘라낸 특수부위로 둥그렇게 둘러 있는(도래도래) 모양 때문에 도축장 사람들이 '도래창'이라 부르기 시작하면서 대중에게도 도래창으로 알려졌다.

이곳 대표가 도래창을 처음 발견한 건 10여 년 전이다. 당시 경기도 이천과 하남, 양평 장터를 다니며 막걸리와 빈대떡, 등갈비를 팔았다. 2008년 구제역이 터지면서 매출이 절반으로 줄자 장터 이곳저곳을 다니며 사업 아이템을 찾았다. 하루는 곱창집에서 곱창볶음에 막걸리를 마시다 곱창과 함께 섞여 있는 특수부위를 발견했다. 씹을 때마다 기름이 배어 나와 고소한 맛이 나는 그 부위를 찾기 위해 한동안 마장동 일대를 매일 다녔다. 얼핏 맨드라미꽃 모양 같기도 하고 보쌈주머니 같기도 한 특수부위를 수소문한 결과 '도래창'으로 불리는 장간막 부위라는 걸 알아내 메뉴에 접목한 것이다.

현재 도래창을 파는 음식점은 몽실식당이 유일하다. 일부 업소에서 곱창과 함께 특수부위로 곱창집에 납품되기도 하지만 도래창만 별도로 파는 곳은 아직까지 없다. 처음엔 어떻게 조리해야 할지 몰라 별도 양념 없이 철판에 구워 소금과 함께 냈는데 고객 반응이 상당히 좋아 그때부터 채소와 버섯, 마늘, 고추 등을 넣고 볶아 정식 메뉴로 판매하기 시작했다. 도래창은 기름기가 많아 다소 느끼하다는 단점이 있다. 몽실식당에서는 기름기를 일부 빼기 위해 튀김옷을 입히지 않은 원상태로 기름에 튀긴 후 먹기 좋게 잘라 2차로 한번 더 튀긴다. 기름기가 빠지면서 고소한 맛은 그대로 남아있다는 것이 특징이다. 쫄깃쫄깃하면서 씹을수록 고소한 맛이 터지는 도래창은 상추에 마늘 고추, 갈치속젓과 고들빼기 올려 싸먹으면 입 안 가득 퍼지는 도래창의 고소함에 막걸리 생각이 절로 난다. 여기에 갈치속젓과 고들빼기의 쿰쿰한 향이 돌아 감칠맛을 더해준다.

삼겹살보다 저렴한 흑돼지 전지로 원가경쟁력을 확보하고 있는 몽실식당은 고객도 고객이지만 경영주도 행복한 식당이라는 점이다. 흑돼지스테이크는 지리산 흑돼지 전지 부위를 1인 180g 1만1000원에 제공하는데, 흑돼지 전지는 일반 돼지 삼겹살보다 절반가량 저렴해 원가 경쟁력이 있는 데다 고객에겐 '지리산 흑돼지'키워드를 내세워 원육 품질에 대한 자부심도 어필하고 있는 셈이다.

무엇보다 기존 찌개나 제육볶음용으로만 사용하던 전지 부위를

'생 구이메뉴'로 상품화 했다는 점에서 주목할 만하다. 손님은 '가성비'에 만족하고, 경영주는 저렴한 원가 대비 수익을 창출할 수 있다. 도래창은 14kg 기준 2만원이다. 도래창을 메뉴로 파는 곳이 없기 때문에 상당히 저렴한 가격에 구입할 수 있으며 도래창으로 남는 순익만 80% 이상이다.

이 집의 또 다른 시그니처는 갈치속젓과 재래된장이다. 갈치속젓은 갈치통젓을 매장에서 직접 갈아 양념 후 3개월 숙성시켜 사용하고 된장은 매장에서 직접 담근 재래식 된장을 사용한다. 육수를 따로 내지 않고 생수에 된장만 넣고 끓여도 구수하고 깊은 맛이 일품이다. 점심메뉴로 판매하는 '불고기된장찌개'는 간장양념에 버무려 촉촉하게 구운 불고기와 재래 된장찌개를 제공하는데 뚝배기 크기만큼 큼직하게 썬 두부를 올려내는 것이 포인트다. 불고기냉면은 불고기와 냉면을 함께 내며 하루100그릇 이상 꾸준히 판매될 정도로 인기다. 식사메뉴 주문 시 가정식 반찬 12가지는 무한리필 서비스한다. 평일엔 양평 장터 손님이 주를 이룬다. 불고기된장찌개나 불고기냉면(각 7000원)에 소주 한 병(3000원)을 먹고 가는 손님이 늘면서 '만원의 행복세트'로 불리기 시작했다.

"몽실식당 노하우 100%전수를 약속하고 있는 몽실식당은 전수창업 시 고기 굽는 스킬부터 김치, 된장 담그는 법, 각종 반찬 레시피와 불고기 양념, 냉면 육수, 도래창 손질·조리과정 등 메뉴 비법을 전부 알려준다. 또한 인력 관리 노하우와 마케팅, 스토리텔링 만드는 방법, 원가 관리, 식재료 선별 방법 등 외식업 운영에 필요한 모든 요소까지 전수한다.

3개월은 본점에 와서 매일매일 배운다는 생각을 해야 한다. 물류만 제공하고 운영관리 감독만 해주는 일반 프랜차이즈 시스템으로는 한계가 있기 때문이다. 흑돼지나 도래창의 경우 거래처로부터 직접 공급받을 수 있게 연결해 줄 것이다. 조건이 있다면 계약금으로는 유니세프에 1000만원을 내고 매월 전체 매출의 0.5%를 유니세프에 기부하는 것이다. '모든 장사의 시작과 끝이 나누고 베푸는 것에 있다'는 몽실식당의 뜻을 함께 이어가는게 중요하다는 판단에서 정한 룰이다.

몽실식당은 99m²(30평) 매장에서 월평균 7500만~8000만원을 유지하고 있고 여기서 순익은 10~15% 정도라고 보면 된다. 생각보다 순익이 낮다고 생각할 수도 있지만 우선 본점의 경우 서비스 만족도를 위해 평수 대비 직원을 넉넉하게 고용하고 있다. 흑돼지 전지나 도래창 원가가 저렴하지만 '가성비'를 높이기 위해 12가지 가정식 반찬을 무한리필 서비스하고 된장, 고추장을 비롯한 원재료를 최상의 품질로 사용하기 때문에 식재료 코스트도 생각해야 한다.

(2) 〈종로상회〉

입구부터 1970~80년대 복고 분위기가 물씬 나는 이곳은 국내산 돼지고기 특수부위전문점 〈종로상회〉다. 2010년 첫 선을 보인 종로상회는 축산 농가와 직거래를 통해 안정적으로 돼지고기를 공급, 구제역 등 위기가 있을 때 더욱 빛을 발하며 건실한 브랜드로 떠올랐다.

2010년 브랜드를 론칭한 〈종로상회〉는 매장수 70여 개를 보유하고 있다. 대표메뉴로는 생삼겹살, 특별모둠, 볼테기살, 꼬들살, 생갈매기살 등이 있으며 전화는 1588-6518 이다. (www.jongrofc.com).

이곳은 생돼지고기 특수부위전문점으로 유통구조 3단계 혁신으로 합리적인 가격에 맞춰 음식을 제공하고 있으며, 평균 수익률 32.5%의 정직한 사업으로 틈새시장을 공략하고 있다.

정직한 운영으로 영역을 넓혀 가고 있는 종로상회를 운영하는 ㈜씨엠씨FC는 종로상회의 시작을 함께해 브랜드에 대한 자부심이 누구보다 크다. 프랜차이즈 업계를 활성화 할 수 있다는 의미에서 종로상회가 대안이 될 수 있음을 인식했다.

종로상회는 기존에 고기전문점을 운영해 본 사업자가 더욱 신뢰하는 브랜드이다. 다른 프랜차이즈를 운영하다가 종로상회로 전환하거나 정육점을 운영했던 가맹점주가 많은 것을 보면 알 수 있다. 고기의 유통과정을 잘 아는 분들이 믿고 선택한다는 것이 본사의 정직한 운영시스템을 잘 보여주는 것이다.

축산농가와 가맹점주·본사가 상생하는 행복한 모델을 바탕으로 감각적인 복고풍 인테리어와 합리적인 가격, 고품질 국내산 생돼지고기 메뉴 등이 삼위일체를 이루며 돼지고기 프랜차이즈 업계의 새로운 강자로 부상한 〈종로상회〉는 2010년 경기도 일산에 직영 1호점 오픈을 시작으로 3년 만에 가맹점 70여 개를 운영하며 승승장구하고 있다.

종로상회가 이처럼 빠른 시간 안에 영역을 넓힐 수 있었던 데에는 본사와 가맹점주, 축산농가 모두가 상생할 수 있는 정직한 사업모델을 지향한 것이 큰 역할을 했다. 창립 초기 본사의 주축 직원들이 대부분 외식프랜차이즈 업계에서 다년간 종사한 경험이 있어 외식프랜차이즈의 한계와 방향성을 누구보다 잘 알고 있었기에 가능한 일이었다.

종로상회의 가장 큰 특징은 본사가 직접 산지와의 직거래에 나서 7단계에 이르는 복잡한 육류 유통과정을 3단계로 대폭 축소했다. 때문에 유통비용을 절약, 시중 가격에 비해 훨씬 합리적인 가격으로 가맹점에 육류를 공급하고 있다. 이로 인해 구제역 등 물량확보가 어려울 때에도 안정적으로 재료를 공급, 가맹점의 신뢰도와 만족도가 높다. 특수부위전문점으로 틈새시장을 공략하는 종로상회는 우리나라 사람들이 가장 좋아하는 돼지고기 부위는 단연 삼겹살이다. 하지만 삼겹살전문점은 경쟁업소와의 차별화를 이루기 어렵고, 시장상황에 따라 가격 영향을 크게 받기 때문에 삼겹살 프랜차이즈는 운영난에 쉽게 빠질 수밖에 없다. 이러한 점에 착안해 종로상회는 론칭 초기부터 돼지고기 특수부의전문점을 표방했다. 항정살과 갈매기살 등 이미 잘 알려진 특수부우는 물론 꼬들살, 뽈살 등 생소한 부위까지 메뉴에 구성하고, 삼겹살과 양념갈비 등 선호도가 높은 부위도 함께 판매했다.

맛에 대한 꾸준한 홍보와 노력으로 현재는 삼겹살과 특수부위의 선호도가 6:4에 이를 정도로 특수부위에 대한 호응도가 높아졌으며, 초기 압도적으로 삼겹살만 선호하던 고객들이 점차 특수부위에 대한 호감도가 높아졌다. 따라서 향후 그 비율이 5:5에 이르도록 하는 것이 본사의 목표이자 운영방침이다.

차별화된 가맹시스템으로 브랜드 경쟁력 강화를 위해 종로상회는 '점주의 승리가 곧 본사의 승리다' 라는 슬로건 아래 철저한 가맹점 관리 시스템을 운영하고 있다. 가맹점주들이 매장 오픈 초기에 가장 크게 어려움을 겪는 부분을 분석하고, 그에 대비한 프로그램을 운영하고 있는 것. 점포 선정에 어려움을 겪는 점주를 위해 '부동

산 개발팀'을 운영하고, 창업비용이 부담스러운 점주를 위해 기존 점포의 시설을 활용하는 리모델링 프로그램을 운영하는 것 등이 바로 종로상회의 '가맹점 멘토링 성공도우미'다.

론칭 후 3년 동안 빠르게 앞만 보고 달려온 종로상회는 브랜드 경쟁력을 더욱 강화하겠다는 목표를 세웠다. 현재까지의 운영 노하우를 바탕으로 브랜드를 보급형 프랜차이즈 모델과 좀 더 고급스러운 프리미엄 창업모델로 세분화해 운영하겠다는 것이 첫 번째 계획이다. 기존 종로상회를 보급형 브랜드로 육성하는 한편, 품격 있는 분위기에서 즐기고 싶어 하는 고객들을 위해 고급스러운 분위기의 매장을 오픈하는 것이다. 또 현재는 10개 안팎의 농가와 직거래하는 시스템으로 운영하고 있지만 직영농장도 운영할 계획이다.

〈표6〉 종로상회 초기 창업 비용(단위 : 만 원)

구분	99.17m²	132.23m²	165.28m²	198.34m²	세부내역	비고
가맹비	800	800	800	800	상호·상표사용(브랜드가치) 등	소멸
교육비	200	200	200	200	메뉴·운영·서비스·식자재 교육	체류비 등 점주부담
인테리어	3900	5200	6500	7800	목공사, 설비, 방수공사, 천정, 전기 등	평당 130만 원

간판	500	600	700	750	전면LED간판, 돌출간판 등	그 외 별도
닥트	550	700	850	1000	외부 2층 기본, 내부 및 주방 닥트	3층 이상 별도
테이블 ·의자	400	520	640	760	홀 의·탁자	
테이블 렌지	270	350	430	510	2구렌지	
주방기 기·홀 집기	2100	2700	3300	3900	식기세척기, 주방기기 등	주물불판 은 본사 무료 대여
인쇄· 홍보· 소품	200	250	300	400	이벤트, 전단지, 추억의 소품 일체	
합계	8920	1억13 20	1억37 20	1억61 20		

※ 약속이행보증금 300만원(서울보증증권 대체)-비용은 점주 부담
※ 서울, 경기, 수도권 외 지방은 5~10% 별도
※ 점주 직접 인테리어 진행시 평당 감리비 22만원 별도 ※ 부가세 별도
※ 3.3m² (1평) 추가 시 평당 240만원 추가(인테리어, 집기, 기타공사 추가)

(4) 〈제주도야지 판〉

특유의 고소한 맛과 쫄깃한 육질로 돼지고기 중에서도 최상급의 맛으로 평가받고 있는 제주산 돼지고기는 소비자들에게 그 품질과 맛이 이미 검증된 식재료다. 높은 인기를 바탕으로 다양한 브랜드의 제주 돼지고기전문점이 경쟁하고 있는 가운데, ㈜이바돔이 '내 집 앞에서 즐기는 청정 제주도야지'를 콘셉트로 〈제주도야지 판〉을 론칭했다.

2014년 12월에 브랜드를 론칭한 〈제주도야지 판〉의 대표메뉴는 제주도야지 한판(4만3000원), 제주도야지 두루치기(1만원)이다. 제주도의 지역색을 살린 디테일한 소품과 인테리어를 콘셉트로 잡았으며, 전화는 1644-9388 이다. (www.jejupan.com).

얼리지 않은 제주도 생고기 직접 공급으로 신선한 제주도 생고기를 본사차원에서 안정적으로 수급해 가맹점에 제공한다. 특허받은 삼중불판으로 고기의 풍미를 상승시키며, 음식의 맛과 품질을 높이는 식재료 선택으로 건강한 맛을 지향하고 있다. 산지와 직거래하는 고품질의 식재료로 진안 옹기 10년 약된장, 영월 곤드레, 국내산 멜젓 등 산지와 직접 거래하는 고품질 식재료를 제공하고 있다.

〈제주도야지 판〉 잠실점은 브랜드의 가맹 1호점이자, 오픈 두 달여 만에 지역 내에서 '제대로 된 제주산 돼지고기'를 맛볼 수 있는 곳으로 입소문을 타고 있는 곳이다.

가족창업 매장이기도 한 이곳은 온 가족의 명확한 역할분담을 통해 빠르게 매장 안정화를 이뤘다.

사실 잠실점이 위치한 곳은 돼지고기구이전문점을 운영하기에는 다소 척박한 입지다. 접근성이 떨어지는 아파트 상가 내 지하에 위치한 데다, 매장 규모도 그리 크지 않은 편이다. 하지만 잠실 상권에서 오래 외식매장을 운영한 경험이 있어 '수많은 직장인들로 회식 고객이 많은 것에 비해 지역 내 먹을 만한 고깃집이 없다'는 점과 '맛만 있으면 입소문을 통해 고객은 찾아올 것'이라는 확신을 가지고 제주도야지 판을 오픈한 것이다. 제주도야지 판을 선택한 이유도 이처럼 기본적인 육류의 품질이 기반이 됐기 때문이다. 핵심 식재료는 본사에서 안정적으로 공급받는 대신, 가맹점의 역량에 맞춰 다양한 찬류를 구성하는 것에 본사가 제약을 걸지 않고, 무쌈, 동치미, 김치 등의 각종 반찬을 직접 만들어 제공함으로써 맛이 좋고 매장만의 특색이 있어 고객 만족도가 높다.

이처럼 맛만 있으면 고객은 알아서 찾아오기 마련이며 벌써부터 소문을 듣고 멀리서 찾아오는 고객이나 단골고객이 늘고 있다.

현재 육류물류유통회사 '에덴축산'으로 출발한 ㈜이바돔은 고기 전문가 집단이 만든 제1브랜드 〈이바돔감자탕〉을 성공시킨 이후 그 기반을 바탕으로 〈제주도야지 판〉, 〈이바돔스토리판〉 브랜드를 론칭시켜왔다. ㈜이바돔은 먼저 직영점 오픈을 통해 브랜드 운영에 대한 노하우를 쌓은 후 가맹점을 오픈하여 직영점에서 쌓은 노하우를 전달하는 방식으로 세컨드 브랜드를 성공시켰다.

〈제주도야지 판〉은 현재 수도권을 중심으로 직영점 4개와 가맹점 4개의 매장이 운영되고 있다. 〈이바돔스토리판〉은 직영점 5개와 가맹점 1개를 성황리에 운영중이다. 〈제주도야지 판〉 잠실점과 세종점은 감당할 수 없을 정도로 고객이 몰려들어 같은 상권내에 각각 2호점을 오픈하였다. 〈이바돔스토리판〉 서초점의 경우는 점심매출과 저녁매출 두 마리 토끼를 모두 잡은 매장이다. 점심에는 가성비 좋은 점심메뉴를 통해 직장인들에게 큰 인기를 얻고 있으며, 저녁에는 가벼운 회식을 즐기러온 고객들과 젊은 층의 고객 방문이 주를 이루고 있다.

〈제주도야지 판〉의 캐치프레이즈는 내 집 앞에서 즐기는 청정 제주산 돼지고기 전문점이다. 제주 축산농민이 100% 생산, 공급하는 돼지고기만을 사용하고 매장 곳곳에 제주도를 연상시키는 소품을 배치하여 고객들에게 제주도에 와있는 듯한 느낌을 들게 했다. 오겹살, 목살, 생갈비, 껍데기(서비스)로 구성된 제주도야지 한판은 강원도 영월농장에서 직접 재배한 곤드레로 만든 장아찌를 잘 구운 고기와 와사비를 함께 싸서 먹게 하는, 〈제주도야지 판〉에서만 즐길 수 있는 특별한 구성이다.

〈이바돔스토리판〉의 캐치프레이즈는 숙성 돼지고기 풍미육 전문점이다. 메인 식재료인 숙성 돼지고기는 최적 온도와 습도환경에서 16시간 숙성시켜 감칠맛과 식감을 최상으로 이끌어낸다.

인테리어 특징으로는 퇴근 후 깡통테이블 위에서 소주 한잔 하며 이야기를 나눌 수 있는 편안한 고깃집 분위기를 연출해 누구나 가볍게 즐길 수 있도록 했다. 가성비 좋은 점심메뉴인 묵은지 전골찜, 숙성 두루치기, 시래기 시골된장국밥 등이 다양하게 준비되어 있어 저렴한 가격대에 점심을 해결할 수 있다.

저녁메뉴인 숙성 풍미육을 사용한 삼겹살 주꾸미세트는 눈과 입이 즐거운 주요메뉴로 젊은 여성들과 가볍게 회식을 즐기러온 직장인들 사이에서 큰 인기다.

㈜이바돔의 세컨드 브랜드들은 제1브랜드와 공통적으로 돼지고기를 전문적으로 사용하고 있지만 제1브랜드와는 조리방식에서 차이점을 두고 있다. 제1브랜드인 〈이바돔감자탕〉의 경우에는 명품감자탕, 특허등뼈찜 등 탕과 찜 위주의 조리방식을 취하고 있지만, 제2, 제3 브랜드인 〈제주도야지 판〉과 〈이바돔스토리판〉은 공통적으로 불판을 사용하는 구이 조리방식을 취하고 있다.

운영 노하우 면에서는 〈이바돔감자탕〉이 중대형 매장을 위주로 쌓은 노하우를 〈제주도야지 판〉에서 활용하고 있으며, 〈이바돔스토리판〉은 한식의 식재료를 사용한다는 점은 같지만, 실속형 소형 매장 운영이라는 점에서 기존 브랜드와 궤도를 달리 하고 있다. ㈜이바돔은 제1브랜드와 세컨드 브랜드 가맹점주를 위한 지원 정책에 동일한 기준을 세워두고 있다. 다만 브랜드마다 고유의 인테리어 디자인, 기물의 차별성, 끊임없는 메뉴개발 등 브랜드의 차이점을 파악하고 최선의 지원 정책을 견지하고 있다. 또한 직영점의 운영으로 확보한 운영노하우 전수, 최상의 식재료를 합리적으로 공급, 다양한 금융지원 프로그램을 전개하는 면에서 고른 혜택을 보게 하고 있다.

㈜이바돔의 세컨드 브랜드는 운영방식으로 이미 타 브랜드와 차별화되어 있다. 직영점 운영을 통한 노하우를 가맹점에 전수하여 가맹점의 성공을 이끌고 있으며, 본사와 자체물류 시스템, 교육 아카데미 운영 등 제1브랜드에서 구축해 놓은 인프라를 적극적으로 활용해 더욱 경쟁력 있는 브랜드로 성장시키고 있다.

또한 조리, 매장관리, 서비스 교육 등 실제 매장과 같은 이바돔 아카데미에서 전문강사가 체계적인 교육을 진행하며, 예비 점주들에게 최적의 경험을 제공한다.

㈜이바돔은 자체물류시스템이 갖춰진 상태에서 안정적인 식재료 공급을 최대한으로 활용하고 있다. 특히 인천 십정동에서 전라남도 영광군에 있는 총 3만 3057㎡(1만평)의 대규모 부지에 확장 이전한 생산물류센터는 건립이 완료된 상태이다. 이곳에서부터 전국 직영 및 가맹 매장으로 빠르고 안정적인 물류공급이 이루어진다.

㈜이바돔은 향후 프로젝트 시식행사 및 바이럴마케팅 등 지역 맞춤 마케팅은 물론, 모바일 플랫폼을 이용한 카카오톡 선물하기, 티몬 플러스 등의 마케팅으로 고객에게 늘 가까이 다가가고 있다.

㈜이바돔은 브랜드 개발에 있어 직영점을 성공시킨 뒤 가맹사업을 전개한다는 원칙을 견지한다. 이러한 철저한 시스템으로 가맹점주가 되면 타 브랜드에 비해 월등한 성공 확률을 보장 받는다.

〈이바돔감자탕〉의 '특허 등뼈찜'은 ㈜이바돔의 노하우가 집약된 메뉴다. 매장을 찾는 고객들의 사랑을 독차지하고 있는 메뉴여서 〈이바돔감자탕〉의 인지도를 높여주고 있다. 또한 묵은지 등뼈찜, 해물등뼈찜, 콤보찜 등 후속 시리즈와의 조화로 손님들의 만족도를 높이는 데 기여하고 있다.

현 소재지는 인천 부평구 삼산동 461-4 미라주타워 6층이며 전화는 1644-9388 이다. (www.ebadom.com).

2) 숯불구이 전문점

(1) 누리세푸드 〈흑돈연가〉

프랜차이즈 시장이 시끄럽다. 50%에 임박하는 비싼 물류 코스트와 기타 고정비로 순익을 남길 수 없는 구조에 가맹점주들 뿔이 제대로 난 것이다. 본사만 돈을 버는 시스템으로는 브랜드를 유지하기 어렵다. 〈흑돈연가〉는 브랜드를 알리는 것보다 기존 장사 안 되는 식당의 기사회생을 목표로 '클리닉' 개념의 가맹사업을 전개해나가는 곳이다. 업종 상관없이 고전하는 매장에서 고품질 흑돼지구이로 매출을 높일 수 있도록 무상으로 간판을 설치하고 최고급 흑돼지를 공급한다.

2013년 5월에 브랜드를 론칭한 〈흑돈연가〉의 대표메뉴는 흑돈삼겹살·흑돈스떼끼(180g, 1만3000원), 석쇠한판숯불고기, 흑돈김치찌개(각 8000원), 냉모빌(6000원)이며 전화는 010-5272-6934 이다.

〈흑돈연가〉는 가맹점주 실리를 위한 클리닉 창업으로 가맹점주들의 기사회생을 목표로 기존 고전 하고 있는 매장에 무료로 간판을 설치해주고 질 좋은 흑돼지를 공급해 가맹점주가 실질적인 순익을 남길 수 있는 기반을 마련해준다.

20년 육류 유통 노하우로 최고급 흑돼지 공급으로 국내 흑돼지 종자가 몇 없던 1997년 흑돈연가의 두 대표는 흑돼지 유통 사업을 시작했다. 매월 1000두 이상의 흑돼지를 유통하고 있다. 또한 실패 경험이 있는 본사 대표의 진정성으로 온갖 실패와 좌절을 맛본 경험이 있는 두 대표는 가맹점주들에게 베푼다는 생각과 상생의 의미로 가맹사업을 전개하고 있으며 타고난 선한 마인드는 흑돈연가 브랜드의 가장 강력한 경쟁력이다.

최고급 비장탄에 구운 흑돼지, 임팩트 강한 불맛을 자랑하는 흑돈연가는 매출 저조로 고전하는 업소를 살리는 것을 목표로 가맹사업을 펼치고 있는 국내 유일한 클리닉 개념의 프랜차이즈 브랜드다. 신규 창업보다는 업종 전환이나 전수 창업 위주로 전개해나가고 있으며 핵심은 '선 투자'와 고품질의 '흑돼지 유통'에 있다.

흑돈연가는 2013년 5월 경기도 하남의 구석진 자리에서 시작했다. 1997년부터 시작한 흑돼지 유통 사업을 바탕으로 '실비식당' 콘셉트의 작은 흑돼지구이전문점을 오픈한 것이다. 두툼한 흑돼지 목살을 뭉텅뭉텅 썰어 '흑돈 스떼끼'라는 이름을 붙여 팔았다. 비장탄 숯불에 직화로 구워 불맛이 벤 흑돼지구이는 당시 단골들에게 최고의 별미였다.

흑돼지구이를 주문하면 서비스로 양푼 김치찌개도 제공했는데 찌그러진 양푼에 푹 끓여 칼칼한 김치찌개는 주당들의 시그니처가 됐다. 66m²(20평) 매장에서 월 3000만원 이상의 매출을 올리며 승승장구했다.

20년 돼지고기 유통 노하우로 최고 품질의 흑돼지를 선별, 최고급 숯으로 이름난 비장탄에 구워 임팩트 강한 불맛을 살린 것은 신의 한수였다. 당시만 해도 돼지고기를 참숯불에 직화로 구워먹는 고깃집이 많지 않은 데다 서비스인 양푼 김치찌개까지 인기에 날개를 달면서 후미진 골목의 작은 고깃집은 하남대표 맛집으로 급부상했다. 누구나 접근하기 쉬운 돼지고기 아이템에 임팩트 강한 불맛과 친근한 실비식당콘셉트를 더해 어느 곳에 오픈하든 장사가 잘 될 것이라는 판단하에 가맹사업을 시작하게 된 것이다.

흑돈연가는 선투자로 고전 업소 살리는 '클리닉 가맹사업' 을 위해 '선투자' 형식으로 가맹점을 오픈하기 시작했다. 브랜드 가치를 지속적으로 유지하기 위해 첫째로 가맹점주들이 돈을 많이 벌 수 있는 구조를 만들어야 한다고 생각했다.

첫 가맹점은 서울 남영동에 있는 작은 갈빗집이었다. 매일 적자가 났던 매장이다. 초기 900만원 가량을 투자해 흑돈연가 간판을 달고 그밖에 필요한 시설을 설치했다. 질 좋은 흑돼지를 선별, 납품했고 그 매장은 두 달 만에 매출이 4배까지 올랐다. 경기도 남양주 오남읍에 위치한 흑돈연가 매장은 700만~1000만원이었던 월 매출이 4000만원 이상으로 뛰었다. 단순히 수익을 나누어 갖는 일반 프랜차이즈가 아니라, 연이은 적자와 실패로 재기가 불가능한 상황이거나 폐업을 고려중인 경영주들에게 용기를 심어주면서 실제로 돈을 벌수 있는 기사회생의 기회를 마련해준 것이다.

클리닉 개념의 가맹사업을 생각하게 된 것은 2010년 누리세푸드에서 운영했던 '미스터꽃살' 이라는 브랜드로 5억5000만원가량의 적자가 나면서부터다. 서울 강남권에서 운영했는데 고급육을 1인 5900원에 판매, 상권에 어울리지 않는 저가 콘셉트로 밀어 붙였다가 고전하게 됐다. 부담 없는 가격에 손님은 줄을 섰지만 본전도 찾지 못하고 매장을 정리했다. 다행히 누리세푸드는 흑돼지 유통라인을 구축하고 있는 데다 실패 경험에 의한 공감력까지 더해져 위기상황에 놓인 음식점에 무상으로 시설을 구축하고 흑돼지를 유통해 돈을 벌수 있는 구조를 만들어주면 좋겠다고 판단했다. '선투자 클리닉 가맹사업'으로 현재흑돈연가는 전국 40여개의 매장을 두고 있으며 탄탄한 상품력과 원육 경쟁력으로 성업 중이다.

또한 완성도 높은 점심메뉴로 매출 밸런스 맞춰 흑돈연가의 운영 모토는 선택과 집중이다. 메인인 육류는 삼겹살과 목살, 양념갈비로, 점심메뉴는 '석쇠한판불고기'와 '흑돼지김치찌개', 여름철엔 '냉모밀'로 단출하게 구성됐다. 흑돈연가의 주력 점심메뉴인 '석쇠한판불고기'는 흑돼지 전지부위를 먹기 좋게 썰어 간장 베이스 양념에 버무려 구워내는데 여느 불고기전문점에서 내는 불고기 보다 상품력이 뛰어나다. 과하게 짜거나 달지 않고 양념의 감칠맛이 골고루 배어 흰쌀밥과 먹기에 안성맞춤이다. 불고기와 함께 정갈한 한식 찬을 함께 차려내 점심에는 가족단위나 주부고객의 방문율이 높은 편이다.

아무리 좋은 고기를 납품하고 선 투자를 해도 궁극적으로는 점주가 재기할 수 있다는 희망을 갖고 긍정적으로 영업할 수 있는 내성을 길러야 한다. 프랜차이즈 신규창업에 비해 재기를 목표로 한 클리닉 창업은 10배의 노력이 필요하다. 한 번 실패를 경험했기 때문에 마인드를 바꾸는 작업이 필요하기 때문이다. 최상급 흑돼지 원육과 비장탄이 만나면 맛이 없을 수가 없다. 브랜드 마케팅도 전략적으로 하고 있다. 모든 시스템은 다 준비되어 있으니 긍정적인 마음으로 다시 시작할 수 있는 마음만 가지면 된다. 최근에는 '흑돈연가' 다음으로 '화연'이라는 육류 브랜드 네이밍 작업도 끝마쳤다. 화연이라는 예쁜 상호와 브랜드를 갖고 싶어 하는 점주가 있으면 무료 간판을 걸어주고 있다.

누리세푸드는 한 달에 약 1000두 정도의 흑돼지를 유통 하고 있다. 국내 흑돼지가 많지 않았던 1997년부터 흑돼지 유통을 시작했으니 이 분야에서는 선두주자다. 한때는 흑돼지 작목반도 8년간 운영했다. 현재 충청도에서 흑돼지를 들여오고 있는데 일반 돼지보다 육질의 강도가 세서 씹을 때 쫄깃쫄깃한 식감이 아주 매력적이다. 육즙이 풍부해 고소하며 풍미가 진하다. 흑돼지 고기와 일반 돼지를 비교 시식해보면 그 차이를 단번에 알 수 있다. 일반 돼지는 흑돼지에 비해 싱겁다. 현재(2017년 기준) 흑돼지 삼겹살과 목살은 1kg당 2만원에 납품하고 있으며 이는 일반 돼지보다 20~30%가량 비싼 축에 속한다. 원육이 비싼 대신 맛은 자신한다. 80여 곳 매장으로 공급하고 있다.

(2) 〈불소식당〉

최근 고품질 덤마케팅 콘셉트의 '4+4 고기전문점'이 오랜 불황을 겪고 있는 외식 프랜차이즈 시장의 새로운 활력소가 되고 있다. 2014년 1월 론칭한 〈불소식당〉은 고품질 육류 제공, 세련되고 쾌적한 인테리어, 검증된 시스템으로 스테디셀러 아이템인 고기전문점에 트렌디함까지 가미하며 입소문을 타고 있다.

2014년 1월에 브랜드를 론칭한 〈불소식당〉은 직영 1개, 가맹 9개의 매장을 보유하고 있으며 대표메뉴는 4+4 숯불양념소갈비살(8인분, 4만원), 生황제소갈비살(150g, 1만2000원), 비빔냉면(6000원/고기이용고객 5000원), 된장뚝배기(5000원/고기이용고객 3000원) 등이 있다. 쾌적한 내추럴 세미클래식의 인테리어 콘셉트와 입지전략 C급, 상권A급 입지로 경쟁력이 있고 창업비용은 1억5000만원(165m² 기준)정도이며 전화는 1644-5899 이다. (www.bullso.co.kr).

고품질의 쇠고기 제공, 정늑간살 제공으로 품질 경쟁력 확보와 직수입체제 확립으로 안정적인 고기 수급 및 공급, 본사 자체 직수입체제를 통해 가맹점에 안정적으로 고기를 공급하며 가격안정성을 확보하여 운영중이다.

신규가맹점을 대상으로 가맹비 1000만원 할인, 3개월 임대료 지원, 1억 원 대출 지원 등 파격적인 특전을 제공한다.

4+4 파격적인 덤마케팅으로 이목을 집중시키고 있는 창업시장의 대표적인 스테디셀러 아이템인 고기전문점은 소비자들에게 꾸준히 사랑받는 안정성이 검증된 업종으로 평가받고 있다. 하지만 저가 고기전문점의 경우 초저가, 무한리필, 고기뷔페 등 다양한 키워드로 창업시장에 출사표를 내밀었으나 낮은 가격에 따른 품질 저하, 경영주 입장의 낮은 마진율 등 다양한 운영상 단점이 드러나면서 적지 않은 브랜드가 시장에서 롱런하지 못했다.

최근에는 보다 진화된 방식으로, 수입산 쇠고기 4인분을 주문하면 4인분을 추가 제공하는 덤마케팅 방식의 고기전문점이 속속 등장하면서 창업시장에 돌풍을 일으키고 있다. 물류 시스템을 구비해 소비자가는 낮추면서도, 육류의 품질은 높이고 가맹점의 경쟁력 역시 높인 것이 특징이다. 올 초 브랜드를 론칭해 창업시장에서 인상적인 행보를 이어가고 있는 〈불소식당〉은 '고기먹는 사람들이 몰려온다'라는 캐치프레이즈를 바탕으로 입소문을 타고 있다.

고품질 메뉴로 단골고객 확보를 위해 불소식당에서는 숯불양념 소갈빗살 4인분(600g)을 주문하면 4분을 추가 제공한다. 불소식당을 운영하고 있는 ㈜굿투비에는 쇠고기 직수입전문 ㈜굿투비 F&B 법인이 있다. ㈜굿투비 F&B에서 수입한 쇠고기는 전량 불소식당에만 납품하고 있다.

테이블당 3000원을 내면 제철 식재료를 활용해 다양한 메뉴를 구비한 샐러드바를 이용할 수 있다. 고객은 다양한 음식을 무한리필로 즐길 수 있어 좋고, 가맹점은 인건비 등의 기타 운영비를 줄일 수 있어 큰 호응을 얻고 있다.

쾌적한 인테리어, 타입별 맞춤형 창업도 눈길을 끄는데 합리적인 가격대비 쾌적한 매장 환경을 조성한 것도 불소식당의 강점이다. 불소식당은 현재 중·소형 매장과 165m² (50평) 이상의 대형 매장으로 구분해 창업을 제안하고 있다.

특히 예비창업자의 창업비용 및 오픈하고자 하는 상권·입지에 따라 맞춤형 창업이 가능한 것이 불소식당의 경쟁력이다.

불소식당은 중·소형 매장의 경우 원통형 테이블 등으로 공간을 최대한 활용하고, 대형매장은 가족단위의 고객들을 위해 높은 파티션을 활용한 프라이빗한 공간을 구성하는 등 규모에 따른 맞춤형 인테리어가 강점이며 무엇보다 일반 고깃집과는 다른 쾌적한 실내환경 조성을 위해 덕트 및 배기 시스템을 강화했다.

불소식당은 브랜드 론칭 초기인 만큼 초기 가맹점주에게 다양한 혜택을 제공하기 위한 특전을 마련했다. 대표적인 것이 가맹비 1000만원 할인, 오픈 후 3개월 임대료 지원, 1억원 대출 지원 등이다. 기간에 관계없이 선착순 10개 가맹점에 해당 특전을 제공한다. 이외에도 불소식당은 가맹점주를 위한 다양한 지원체제를 시행하고 있는데 대표적인 것이 매출추이분석시스템이다.

또한 1:1 전담 직원 실명제를 통해 꾸준한 매출 향상을 돕는 사후관리를 실시하고 있다. 가맹점 유형별, 상권별, 지역별, 연령대별 운영상황이 상이한 만큼 지속적인 매출향상을 위해 본사에서 적극적으로 지원하고 있다. 한편, 20전 20승의 성공신화, 장사의 신으로 불리는 ㈜굿투비 대표가 예비 가맹점주를 위한 장사비법 아카데미 강좌를 매주 수요일에 실시한다. 사전 예약제로 진행돼 미리 신청해야 한다.

㈜굿투비 대표는 1999년 프랜차이즈 사업을 시작해 2010년 쇠고기 직수입 전문업체 ㈜굿투비 F&B 설립, 이후 외식전문프랜차이 기업 ㈜굿투비를 연이어 설립하고 2014년 시스템 검증을 거쳐 불소식당을 론칭했다. 유통과 물류 수입을 거쳐 이후 외식브랜드 론칭까지 서둘지 않고 천천히 단계를 거친 것이 인상적이다. 불소식당 역시 단순 유행하는 아이템을 넘어 수입산 육류가 더욱 활황일 것으로 예상되는 10년 후를 내다보고 론칭한 브랜드로 국내에 유통되는 수입산 육류의 품질 및 가격이 많이 향상됐고, 향후 가격경쟁력은 더욱 높아질 것이다. 맛을 기본으로 가격경쟁력이 있어야 치열한 시장에서 생존할 수 있을 것으로 판단해 불소식당을 론칭했다. 안정인 물

류수급과 가격방어가 가능하도록 본사 자체 직수입체제를 갖춘 것도 이 때문이다. 특히 4+4인분 제공이라는 콘셉트는 최근의 트렌드에 맞는 일종의 단기적인 마케팅으로 궁극적으로 맛있고 저렴한 고기를 제공한다는 기본을 유지하면서 롱런할 수 있는 브랜드를 만드는 것이 최종목표다.

(3) ㈜대대에프씨 〈바비큐보스〉

길을 걷다 보면 고개를 둘러보지 않을 수 없을 만큼 매력적인 향을 풍기는 음식점이 있다. 국내외로 200여 개의 가맹점을 보유하고 있는 〈바비큐보스〉는 매력적인 맛과 향으로 소비자들의 지속적인 관심을 받고 있는 장수 브랜드다.

포기하지 않는 열정이 최고의 맛을 발견하다: ㈜대대에프씨의 대표는 오리고기 사업이 유망하다는 권유에 솔깃한 마음이 들어 창업자금을 마련, 오리고기 유통업을 시작했다.

오리고기 사업 당시의 실패 경험을 보약삼아 오리고기 사업을 할 때 양념에 대해 철저히 연구한 것이 현재의 닭고기 유통사업에서 경쟁력으로 작용했다.

장수 브랜드에서 세계적인 브랜드로 나아가기: 〈바비큐보스〉의 좀포 관리는 철저하다. 매장 개점 이후 10년 이상 운영한 가맹점이 가맹점 전체 80%를 육박하는 것이 그 단적인 예다. 가장 중요한 마케팅은 무엇보다도 '맛'이다. '맛'이 꾸준한 것 이상의 마케팅은 없기 때문이다. 또한 매장운영도 철저해야 한다. 전국에 분포돼 있는 지역본부에서 가맹점을 정기적으로 순회 방문해 매장 운영과 서비스 등에 문제가 없는지 관리한다. 불경기로 매출이 떨어지는 점포에 대해선 '점포회생프로그램'을 통해 본사가 위탁경영에 참여해 도움을 주는 시스템을 가동하고 있으며, 정기적인 브랜드 리뉴얼을 통해 행여 퇴색될 수 있는 브랜드 정체성에 활력을 주고 있다. 이를 통한 입소문과 권유만으로도 이미 충분한 홍보와 영업 전략이 되고 있으며 2015년 5차 리뉴얼을 통해 소비자들은 새롭게 태어나는 〈바비큐보스〉를 만날 수 있게 되었다.

〈바비큐보스〉의 브랜드 슬로건은 '바비큐로 즐기는 색다른 경험'이다. 캠핑과 더불어 바비큐가 인기에 힘을 얻고 있지만 정작 즐기기 위해서 야외로 나가야만 하나, 〈바비큐보스〉는 이러한 여가문화를 도심내부로 들여와 빡빡한 도시생활에 여유와 활력을 주고 있다. 또한 몇 가지 메뉴로 생색을 내지 않고 다양한 바비큐 메뉴를 즐길 수 있는 것이 가장 큰 장점이다. 〈바비큐보스〉는 국내와 중국을 합쳐 200여 개의 매장을 보유하고 있다. 중국에서는 지난 2004년 베이징에 첫 매장을 연 것을 시작으로 현재 13개 매장이 운영되고 있다. 처음 창업에 도전 할 때 설립한 업체인 진한농축산의 '진한'은 '중국에 진출한다' 는 의미를 담고 있다. 창업 17년 만에 목표를 이룬 셈이다. 최근에는 싱가포르 등 동남아 5개국 기업들과 마스터프랜차이즈 계약을 체결하고 2012년 싱가포르의 번화가 클라크키에도 매장을 열었다. 신뢰와 믿음을 지켜가는 기업 ㈜대대에프씨 〈바비큐보스〉의 행보가 더욱 기대된다.

〈바비큐보스〉는 생산 및 제조, 물류유통이 일원화 돼 있으며 매일 인천 공장에서 18톤 트럭으로 전국 거점 점포로 직접 운송이 되어 가맹점들은 경쟁 치킨점에 비해 최대 20%는 저렴하고 신선한 닭을 제공받는다. 가맹점주는 약 80% 이상이 10년 이상 매장을 운영하고 있으며, 본사와 가맹점과의 끈끈함은 그 어느 프랜차이즈 브랜드보다 월등하다는 것이 〈바비큐보스〉의 롱런 비결이다.

〈바비큐보스〉의 현 소재지는 서울특별시 동작구 남부순환로 2067 (사당동, 정석빌딩 4층)이며 전화는 02-1588-5592 이다.

(4) 〈우리들정육식당〉 숯불구이

외식의 가장 기본 요소는 편안함이다. 접대나 비즈니스 공간으로 탁월한 고가의 음식점도 본질은 편안하고 부담 없는 분위기가 바탕이 돼야 한다. 서울 구로동의 〈우리들정육식당〉은 비교적 저렴한 가격대에 질 좋은 한우구이를 먹을 수 있는 편안한 실비식당 콘셉트의 정육식당이다. 165.29㎡(50평)의 그리 크지 않은 매장에 한우구이와 소주를 즐기는 손님으로 매일 저녁 전체 테이블을 세 번 이상 채운다. 연말연시를 비롯한 가을, 겨울철에는 월평균 매출이 1억2,000만원까지도 가능한 실속형 정육식당이다.

2007년부터 6년간 양념 돼지갈비와 삼겹살을 주력 판매했다. 점심은 주로 된장찌개나 갈비탕, 김치전골 등의 간단한 식사메뉴를 5,000원에 판매했고 저녁에는 단체 회식 손님 위주로 받았다. 월평균 매출은 7,000만원 이상씩 꾸준히 올렸다. 고기 상태도 우수했고 식사 메뉴의 완성도도 높은 편이었다. 그러나 크게 특출한 부분이 없다는 것이 문제였다. 격식을 차리지 않고 부담 없이 찾을 수 있다는 장점에 비해 큰 특징이 없어 그 이상의 매출을 올리기엔 한계가 있었던 것이다.

그러던 중 업주는 건강이 나빠졌고 매장을 비우는 날이 많아지면서 그나마 유지하던 매출도 절반 이상으로 떨어졌다. 인건비나 식재료 원가 부담이 더해지자 심지어 극심한 스트레스에 우울증까지 겹쳐 회복이 불가능하게 됐다.

어떻게든 변화가 필요하다고 생각한 그는 돼지고기에서 한우로 주메뉴를 바꿔보기로 했다. 돼지고기보다 한우 원가가 훨씬 비싸지만 그만큼 테이블 단가가 높아지면 기존 매출의 두 배, 세 배 이상을 뛰어넘을 수도 있겠다고 판단한 것이다. 다행히 친형이 충남 아산에서 한우농장을 운영하고 있었기 때문에 품질 좋은 한우고기를 들여오는 것은 큰 문제가 아니었다. 한 달 기준 2~3마리 정도를 도축해 지육 상태로 공급받고, 나머지 추가로 필요한 부분은 부천 농협의 최고급 한우고기를 부분별로 가져오기로 했다. 업주의 첫 번째 계획은 한우 부위 중 '구이메뉴'로 뽑을 수 있는 부위는 남기지 말고 전부 뽑아내는 것이었다. 메뉴 구성에서 '상품력'을 완성하겠다는 것이었다.

대표메뉴는 한우모둠구이(500g 4만원)와 한우특수부위 (500g 7만원)이다. 한우모둠구이는 양지 부위 중 구이메뉴로 넣을 수 있는 부분들을 골고루 냈다. 주로 살치살과 갈빗살, 안창살 중심이고 대체적으로 마블링 상태가 우수하고 부드러우면서 연한 부위를 냈다.

이밖에 한우생등심(500g 4만8,000원)과 한우꽃등심(500g 5만5,000원), 한우차돌(500g 4만원)등을 구이메뉴로 구성했다. 고기는 전부 1주일가량 숙성시키는 것을 원칙으로 했다. 일부는 '숙성은 질 낮은 고기의 상태를 업그레이드 하기 위한 것이지 품질 좋은 고기는 숙성을 하지 않고 먹는 것이 더 맛있다'는 경우가 있는데 품질이 좋든 아니든, 일단 도축된 고기의 근육은 뭉쳐있기 때문에 풀

어줘야 한다. 적당한 숙성시간을 통해 육질을 연하고 부드럽게 해주는 과정이 반드시 필요하다. 더러는 2주, 3주 이상 숙성시키는 경우도 있지만, 혹시나 육질이 처지거나 늘어질 것을 고려해 1주일만 숙성한다.

한우모둠구이의 경우 100g 기준으로 봤을 때 1만원도 되지 않는다. 이보다 품질이 더 좋은 특수부위도 100g당 1만원 선이다. 다른 부위도 마찬가지다. 1+등급 이상의 한우고기를 삼겹살 보다도 저렴한 가격에 먹을 수 있다는 메리트는 빠른 시간 안에 단골을 만드는 중요한 계기가 됐다. 여기에 참숯불판으로 그릴링의 품질도 높였다.

또한 1인분 기준이 아닌 전체 구이메뉴를 500g 기준으로 판매, 단체 회식은 물론 삼삼오오 방문해 한우에 소주를 곁들이기 부담 없도록 한 메뉴 구성이 돋보인다. 쾌적하고 고급스러운 분위기는 아니지만 합리적인 가격대의 실비식당 콘셉트로 방문턱을 낮춘 것이다.

돼지고깃집에서 한우로 메인을 바꾸자 매출은 바로 뛰었다. 반토막 난 기존 매출에서 3배 가까이 오르면서 첫 달은 월 9,000만원, 연말에는 1억2,000만원까지 뛰었다. 가격 거품을 완전히 빼버리고 실속에 포커스를 맞춘 실비식당 콘셉트가 확실하게 주효한 것이다.

한우 고깃집의 꽃은 육사시미와 육회다. 이는 업주 입장에서는 구이용으로 내기엔 다소 처지는 우둔이나 홍두깨 등의 부위를 소진할 수 있는 기회고 주당 손님에게는 훌륭한 안줏거리, 좋은 별미다. 게다가 150~200g 기준으로 기본 2만원 이상씩 책정해도 가격 저항선이 크게 없기 때문에 테이블단가도 만족할 만큼 높일 수 있다.

그러나 육회, 육사시미를 매출 높이는 미끼 상품으로 활용하기 보다 맛있는 육회를 내는 데 주력했다. 육사시미의 경우 소 한 마리당 600g~1kg 분량 밖에 나오지 않는 토시살을 낸다. 1kg에 6만5,000원으로 보통 한우구잇집에서 구이용으로 내는 부위다. 보통 고깃집에서 육사시미나 육회는 우둔이나 홍두깨, 앞다리살 등의 지방 함량이 적은 비선호 부위를 사용해 마진을 높이는데 이곳은 토시살만 고집한다. 토시살에서 우러나는 특유의 고소한 풍미도 뛰어나지만 우선 식감이 아주 부드럽고 입에서 살살 녹는다.

육회는 채끝등심 부위를 낸다. 채끝등심은 마블링의 상태로 좋지만 우둔만큼의 쫄깃한 식감도 지니고 있어 적당한 저작감과 부드럽고 연한 맛을 동시에 느낄 수 있어 만족도가 높다.

초창기엔 여느 집들처럼 우둔 부위를 냈다. 하루는 육회를 주문한 까다로운 손님이 ˝육회가 질기고 맛없다˝며 세 번 이상이나 다시 내달라고 주문했다. 우둔 부위로는 도저히 안 될 것 같아 육사시미는 토시살로, 육회는 채끝등심으로 썰어냈다. 그러자 그 손님은 군말 없이 접시를 비우고 나갔다.

박리다매로 돈을 버는 것 보다는 차라리 좋은 고기를 아끼지 않고 내서 많은 손님의 입맛을 사로잡는게 중요하다. '별미' 로 어필할 수 있고 손님은 이왕 같은 값에 더 좋은 부위의 육사시미와 육회를 먹을 수 있어 만족도를 높이는 계기가 된 것이다. 현재 육사시미와 육회는 이곳의 시그니처 메뉴로 자리매김했다.

우거지, 한우고기 푸짐하게 넣은 한우국밥을 점심매출로 삼고 식사메뉴는 8가지로 추렸다. 한우소고기국밥(7,000원)과 한우차돌된장찌개(7,000원), 육회비빔밥(7,000원), 한우불고기(1인 1만3,000원), 왕갈비탕(7,000원), 김치전골(1인 7,000원) 등이다. 냉면을 제외한 모든 메뉴에 한우고기가 들어간다.

충남 아산에서 한우를 머리 째 들여오기 때문에 구이메뉴 뿐 아니라 나머지 정육 부위를 소진하는 것 또한 숙제다. 식사메뉴를 최대한 활성화해 작업하고 남은 자투리 고기나 정육 부위를 전부 활용한다. 찌개나 전골 등 육류가 들어가는 메뉴들로만 구성, 고기를 로스 없이 그때그때 소진하는 일은 고깃집 운영 시 반드시 필요한 노하우다. 점심시간 판매율이 가장 높은 메뉴는 한우 소고기 국밥이다. 육수는 한우잡뼈와 사골을 넣어 1차로 끓인 후 자투리 고기를 넣어 2차로 다시 우려낸다. 여기에 된장과 우거지, 한우고기, 각종 채소 등을 푸짐하게 넣고 30분정도 더 끓여내는데 옛날 시골에서 먹었던 구수한 토장국을 연상하는 묵직한 맛에 만족도가 높다. 얼큰하고 칼칼한 맛을 선호하는 단골에 한해서는 고춧가루와 청양고추를 넣어 제공하기도 한다.

된장은 일반 된장보다 가격이 2배가량 비싼 재래식 합동된장을 사용한다. 재래식 된장 특유의 쿰쿰하고 깊은 맛에 한우 소고기국밥의 경우 고기 손님에겐 안주나 해장식사용으로도 제법 주문이 들어오는 편이다.

차돌된장찌개도 주문율이 높은 편이다. 특히 고기 손님의 경우 청양고추를 추가해 밥과 함께 말아 '된장죽'처럼 즉석에서 펄펄 끓여 먹는 것을 선호한다. 고기를 배부르게 먹은 후 된장찌개를 주문해 밥을 넣고 끓여 먹는 것이 현재는 '매뉴얼화' 됐을 정도다.

사실 〈우리들정육식당〉은 아직까지 전국구의 유명 맛집이나 대박집 수준까지는 아니다. 규모 대비 매출 성적은 우수한 편이나 브랜드화 된 식당은 아직 아니다. 그러나 평범한 동네 정육식당에서 '구로 맛집'으로 업그레이드한 에피소드가 있었다. 4~5명의 남자 손님들이 와서 한우모둠구이를 주문했는데 각 부위의 명칭이 궁금하다는 것이다. 한우를 정말로 사랑해서 자주 먹긴 하지만 아직까지도 부위별 명칭과 맛의 차이를 제대로 몰라 공부하고 싶어 한 것이다. 등심이나 차돌처럼 단품으로 주문하지 않는 이상, '모둠메뉴'는 접시에 여러 부위를 한꺼번에 담아나가기 때문에 손님이 모를 수밖에 없었다.

고객들에게는 작은 깃발에 각각의 명칭을 적어 고기부위마다 꽂아 접시에 담아냈다. 상당히 행복해하면서 깃발을 꽂아놓은 그 상태로 불판에 올려 고기를 드리니 '아롱사태'가 이렇게 생겼네, 부채살이 이런 모양이었군 하면서 아주 재미있어 했다. 그날 방문했던 고객들은 맛집 파워블로거들이었다. 며칠 후 '부위별 깃발 명칭' 에 피소드가 실시간 인터넷 블로그에 포스팅 됐고 그 후로 매장을 찾는 손님이 30% 이상 늘었다. 대부분이 단골이 됐다. 바쁘다는 핑계로 그냥 지나칠 수 있었던 사소한 부분을 챙기고 손님의 마음을 배려한 결과다. 〈우리들정육식당〉은 서울시 구로구 구로동 569-18에 소재하고 있으며 전화는 02-865-8652 이다.

3) 직화구이 전문점

(1) 〈구이가〉

〈구이가〉는 2006년 경기도 안양시 성결대학교 앞 1호점을 시작으로 국내 삼겹살시장에서 제법 오랜 시간 대중의 사랑을 받았던 육류 브랜드다. 당시 3900원, 4900원 저가형 삼겹살과 돼지갈비를 내세워

주머니 가벼운 대학생들과 직장인들의 단골 맛집으로 자리 잡았다. 이후 10년 만에 〈구이가〉는 브랜드 콘셉트를 대대적으로 리뉴얼했다.

2006년에 브랜드를 론칭한 〈구이가〉의 대표메뉴 국내산생삼겹살·국내산생목살 150g, 1만1000원, 구이가숙성생삼겹살 150g 8000원, 돼지명석갈비 250g 9000원, 구이가벌집·허브삼겹살·구이가불삼겹살 150g 7000원, 구이가껍딱 150g 6000원, 소갈비살 150g 1만1000원, 우삼겹 150g 9000원, 프라이김치찌개 3000원, 양지차돌부대찌개 1인 7000원이며, 서울특별시 영등포구 양평로22길 21 코오롱디지털타워 705에 소재하고 있다. 전화는 1544-2292 이다. (www.92ga.co.kr).

상권·유동인구 특성 따라 메뉴 선택 가능하며 10여 가지 다양한 구이메뉴 구성, 매장 콘셉트별 주력메뉴 선택이 가능하며, 직화숯불구이와 프라이김치찌개 동시 즐기는 투로스터로 직화구이와 찌개를 한꺼번에 즐길 수 있도록 테이블마다 직화로스터와 가스로스터를 나란히 장착, 고객만족도와 테이블 매출을 동시에 높이고 있다.

또한 육가공·유통 시스템을 완벽하게 구비하여 경기도 성남에 육류 원팩 가공·생산 공장 및 유통시스템 갖춰 안정적이고 간편하게 육류전문점 운영이 가능하다.

합리적인 가격에 즐기는 다양한 육류구이를 위해 구이가는 2018

년 기준 12년 된 장수 브랜드로 30~40대 고객들은 대부분 구이가를 기억하고 있다. 삼겹살과 목살, 양념돼지갈비 등 육류메뉴를 3900원, 4900원의 저렴한 가격에 판매해 당시 20대 초중반의 젊은 대학생들과 직장인들에겐 '회식 성지'로 통했다.

2013년 구이가는 육류직화구이와 찌개를 동시에 즐길 수 있도록 '투로스터듀얼(Two Roaster Dual)조리시스템'을 접목했다. 하나의 테이블에 직화로스터와 가스로스터를 나란히 장착, 한쪽에서는 고기를 작화방식으로 구워 먹고 다른 한쪽에서는 찌개를 즉석에서 끓여먹을 수 있는 매력적인 아이템으로, 점주 입장에서는 고기와 찌개를 동시에 주문받을 수 있어 테이블 매출을 높이는 효자 시스템이었다. 투로스터 듀얼조리시스템으로 푸짐함을 더한 구이가는 최근 또 한 번 브랜드 콘셉트를 전체적으로 리뉴얼했다. 수입산 삼겹살과 소고기 중심의 저가메뉴에서 국내산 생삼겹살과 목살, 허브삼겹살, 벌짚삼겹살 등 사이드육류와 양념육 등을 추가로 구성하며 가격대를 높였다. 국내산 생삼겹살과 목살의 경우 150g 기준 1만1000원, 기타 양념육이나 사이드육류메뉴는 6000~9000원으로 '다양한 육류구이를 즐길 수 있는 중가형 고깃집' 콘셉트로 업그레이드한 셈이다. 합리적인 가격에 다양한 육류메뉴를 즐길 수 있다는 장점과 동시에 가맹점주는 입점 상권이나 유동인구 특성에 맞게 메인육류의 가짓수나 점심메뉴 판매 여부도 선택할 수 있다. 구이가는 번화가나 대학가의 경우, 육류메뉴만 구성해 저녁시간에만 영업하고 오피스상권의 경우 점심 메뉴를 구성하는 대신 저녁에는 직장인들의 단골 회식메뉴인 생삼겹살과 목살, 돼지껍데기 정도만 단출하게 구성하는 추세를 고려한 메뉴다.

육가공 유통시스템을 구비하고 일정한 품질 육류 공급을 강점으로 삼고 있는 구이가는 12년 된 장수 브랜드의 노하우를 살려 육가공 유통 시스템을 체계적으로 갖추고 있다.

경기도 성남시에 1652m²(500평) 규모의 육가공 공장을 두고 모든 육류를 직접 가공·생산해 전국 가맹점으로 납품한다. 생삼겹살과 목살은 한 판 기준으로 냉장 상태로 납품하고 나머지 육류메뉴는 전부 1kg 단위 원팩 형태로 진공포장해 공급한다. 포장된 육류는 냉장 보관해 뒀다가 주문 시 그램 수대로 커팅해 고객 상에 내기만 하면 되므로 육류 전문 커팅 기술을 필요로 하지 않는다는 점에서 강점이다. 육가공 공장과 함께 물류 유통도 직접 하기 때문에 발주 시스템이 좀 더 체계적이고 안정적이다.

시그니처 프라이김치찌개, 양지차돌부대찌개를 경쟁력으로 삼고 최근 구이가는 브랜드를 리뉴얼하면서 분위기가 한층 밝아지고 젊어졌다. 특히 매장 인테리어와 간판 디자인을 캐주얼하고 세련되게 바꾸면서 '카페형 육류전문점'으로 포지셔닝하고 있다. P.O.P와 애플리케이션을 활용한 각종 홍보채널과 신메뉴 스토리텔링 전략으로 브랜드 콘셉트를 적극적으로 알리면서 젊은층을 집중 공략하고 있다.

시그니처 메뉴도 돋보인다. 양지부대찌개는 부대찌개에 슬라이스한 소고기 양지와 파채를 푸짐하게 올려 포인트를 줬다. 오피스 상권에 입점해 있는 구로디지털단지점은 현재 양지부대찌개에 가정식 반찬 4가지와 공깃밥을 무한리필하고 1인당 아메리카노 한 잔씩 서비스해 직장인 고객만족도를 높이고 있다. 상권별 특성에 부합한 메뉴구성과 홍보 전략이 주효한 셈이다.

12년 전 구이가를 처음 론칭했을 때만 해도 저가 콘셉트가 유행이었다. 그때는 삼겹살이 서민형 육류의 대표주자였고 무조건 저렴하면 각광받는 때였기 때문에 구이가의 저가 콘셉트가 시대와 잘 맞아떨어졌다. 그러나 삼겹살시장은 점점 더 고급화·전문화되어 가고 가성비가 중요한 요소로 떠오르면서 두 가지를 충족하는 새로운 브랜드가 필요 하다고 생각했다.

구이가는 단순히 저가를 내세우기보다 합리적인 가격에 다양한 종류의 육류를 부담 없이 즐기는 회식형 또는 가족외식형 브랜드다. 점주 입장에선 단체 고객을 유입할 수 있다는 장점이 있고 본사에서 구성한 메뉴 가짓수가 많기 때문에 매장 규모나 상권 특성에 맞게 슈퍼바이저가 코칭해 메뉴를 접목하고 콘셉트를 기획해 줄 것이다. 구이가가 중저가형 육류구이 콘셉트라고 해서 전망이 좋은 것이 아니라, 가맹점주와 소비자의 니즈를 각각 만족시켜주는 브랜드이기 때문에 가치있는 브랜드이다.

현재 구이가는 직영점 포함 80개의 매장을 운영 중이며 평균 99m² (30평)규모에서 월 8000만원 이상 매출을 유지한다. 순익은 15~20%고 식재료 코스트는 전체 매출의 30%정도다.

4) 화로구이 전문점

(1) 숯불맛 이베리코 화로구이 〈경성제일식당〉

이베리코를 활용한 음식으로는 하몽이 가장 대중화 돼있는 가운데 이베리코 생 화로구이를 전면으로 내세운 고깃집이 있다. 〈경성제일식당〉은 차별화된 이베리코 구이로 지난 2016년 12월 개업 이후 99 m²(30평) 대 규모의 매장에서 월 매출 1억원을 유지하며 수내역 상권에서 탄탄한 기반을 잡고 있다.

15년 이상의 취급 노하우로 안정적인 유통로를 확보하고 있는 〈경성제일식당〉은 2002년부터 '화로사랑' 이라는 육류브랜드를 운영했던 ㈜한여름에서 새롭게 론칭한 매장이다. '이베리코전문점'을 표방하고 있는 이곳은 이베리코 흑돼지 목살과 늑간살, 치마살 부위를 메인으로 판매하며, 세 부위를 한번에 맛볼 수 있도록 모둠메뉴도 구성해 단체 회식 고객 발길도 잡고 있다.

이베리코는 워낙 기름기가 많아 단백질 중심의 목살 부위만 해도 육즙이 많고 고소하다. 그러나 자칫 느끼할 수 있기 때문에 매장 내 작업장에서 초벌로 기름기를 뺀 후 고객 테이블에 낸다. 초벌한 이베리코는 숯불화로에 구워먹는 시스템으로 고기 겉면에 불맛이 골고루 배어 감칠맛이 살아있다.

이베리코와 어울리는 사이드 개발에 주력하고 있는 경성제일식당은 이베리코의 느끼한 맛을 잡아주면서 동시에 풍미를 높여주는 사이드 메뉴와 소스, 찬 개발에도 주력하고 있다. 대표적인 것이 대파고추장소스다. 고추장 베이스 소스에 대파를 썰어 넣고 불판 위에서 보글보글 끓인다. 마치 떡볶이 국물과 비슷해 여성고객의 반응이 좋다. 양배추김치도 포인트다. 양배추김치는 시원하면서도 달큼해 쫄깃한 이베리코와 잘 어울린다. 식사로 마련한 고추장찌개와 밀면도 고기 맛을 개운하게 잡아주는 인기 메뉴다. 이베리코를 취급하는 업소가 늘면서 이베리코 원가도 전년대비 많이 올랐다. 다행히 경성제일식당은 화로사랑을 운영할 당시부터 거래해온 육류 수입업체와 오랜 신뢰관계를 통해 연 단위 계약으로 비교적 균일한 가격에 이베리코를 공급받고 있다. 추후 프랜차이즈 사업 확장 시 안정적인 육류 공급이 가능하도록 유통 시스템을 탄탄하게 갖추었다. 이베리코의 수요는 점점 더 늘어날 것이므로 가격 안정성과 유통라인을 구축하는 것이 핵심이다. 〈경성제일식당〉의 주요메뉴는 이베리코 흑돼지 목살 1만 2900원, 이베리코 흑돼지 늑간살 1만2900원, 이베리코 흑돼지 치맛살 1만3900원, 이베리코 흑돼지 돼지한판 3만7815원, 경성물밀면 5500원, 고추장찌개 6000원이며, 경기도 성남시 분당구 백현로 101번길 17에 소재하고 있으며 전화는 031-719-1358 이다.

5) 로스구이 전문점

(1) 〈우미학〉 로스구이

우리나라 사람이라면 으레 삼삼오오 모이면 '고깃집이나 갈까?'라며 발길을 옮기게 된다. 모여 앉아 불판에 고기를 구워 먹으며 즐거운 시간을 보내는 모습은 최초에 불이 발견됐을 때나 지금이나 크게 달라지지 않을 것 같다. 최근 한국에서는 소비자들이 저마다의 취향에 따라 직접 구워먹던 고기를 셰프가 직접 구워주는 독특한 콘셉트가 등장했다. 서양의 셰프가 스테이크를 직접 구워 테이블로 서빙하는 형태와는 다르게 테이블마다 불판이 따로 설치돼 있고 셰프가 직접 테이블에서 고기를 구워준다. 맛도 훌륭하지만, 이곳에서 즐기는 인테리어 또한 특별하다.

한우와 현대적인 디자인의 만남을 위한 〈우미학〉은 브랜드 디자인의 시작을 현대 도시인을 위한 고안에서 찾았다. 한우라는 단어에서부터 오는 한국적인 느낌을 살리려면 전통적인 디자인이 따라야 한다. 하지만 나무를 이용하고 한옥 느낌을 살려서 그 분위기를 연출했다가는 전통적인 무거움에 도시인들은 자유를 잃어버린다. 〈우미학〉은 이런 점에서 현대인들에게 어울리는 한국적인 이름을 표현하고 싶어 했다. 더군다나 본점의 위치는 한때 국내 트렌드의 중심이었던 압구정이다. 자칫 분위기를 서툴게 표현했다가는 어색한 공간이 만들어질 것이다. 〈우미학〉은 한국적인 감성을 현대적인 장소에서 잘 느껴질 수 있도록 공간을 디자인했다.

우리나라 전통적인 모습을 잘 보여줄 수 있는 형태는 무엇일까? 가장 쉽게 표현할 수 있는 방법은 '격자'를 이용하는 것이다. 격자무늬의 문을 보면 우리는 전통적인 문이라는 인식을 쉽게 떠올린다. 하지만 격자무늬 자체가 강한 전통적인 이미지를 가지고 있기 때문에 공간에서 비중이 작더라도 공간을 사용하는 사람들은 강한 느낌을 받을 수 있다.

〈우미학〉의 공간을 잘 살펴보면 전통적인 개념을 담았다. 전통적은 모습으로 격자의 형태를 취하되 현대적인 모습으로 표현하기 위해 자재를 달리 사용했다. 매장 인테리어에서 마감재는 공간 사용자에게 직설적으로 느낌을 줄 수 있다. 이를테면 같은 색감이라도 패브릭 소재로 이루어진 공간과 금속소재로 이루어진 공간은 전혀 다르게 느껴진다. 〈우미학〉 공간은 전통적인 느낌이 진하게 느껴지는 자재 대신 현대적인 세련미로 전환시킬 수 있는 마감재를 찾아 적절히 사용했다. 그리고 환상적인 공간의 연출을 위해 신경 쓴 조명 등 인테리어 중에서도 조명은 상당히 많은 신경이 쓰인다. 공간에서 조명은 분위기에 큰 영향을 주기 때문이다. 사진 촬영, 영화 촬영 등 다양한 분야에서도 확인할 수 있듯이 시각적인 자극이 필요한 곳에서는 조명의 역할이 크다.

〈우미학〉도 조명에 상당히 많은 신경을 썼다. 절제를 통해서 공간의 미(美)를 극대화 시킨 것이다. 대부분 현대적인 공간을 디자인 할 때 조명을 다양하게 사용하기 위해서 노력한다. 실제로 욕심이 많이 나는 부분이기도 하다. 공간에 다양하게 사용된 조명이 사용자들의 눈을 사로잡고 좀 더 화려하고 멋진 공간으로 연출될 수 있기 때문이다.

하지만, 사용된 조명은 딱 두 가지의 종류다. 공간 전체 천정에

달린 조명은 너무 화려하지도 그렇다고 단순하지도 않다. 마치 공중에 떠 있는 옛날 호롱불처럼 공간을 적절히 밝혀 준다. 그리고 벽에는 공간의 콘셉트를 잘 나타내는 벽등이 달려있다. 공간에 들어온 사람들은 환상적인 느낌을 받을 수 있다. 또한 성공적인 두 번째 브랜드 론칭을 위해 〈우미학〉은 이미 치킨 프랜차이즈 매장을 성공적으로 운영한 경험이 있다. 창업시장의 감을 익히기 위해 시작은 프랜차이즈 가맹 매장을 운영하면서 꿈을 키워나갔다. 대부분 창업자들은 처음부터 성공적인 매장을 가지려고 한다. 하지만 현실은 다르다. 만약 창업하는 사람이 요즘 '백주부' 라는 별칭으로 인기 있는 백종원 대표처럼 기술적인 노하우와 충분한 경험을 가지고 있다면 상관없다. 그런데 대부분의 창업자는 지금 준비한 창업이 처음이다. 처음에는 가볍게 시작할 필요가 있다. 충분한 경험을 가벼운 창업을 통해서 얻고 그 노하우로 시작해 두 번째, 세 번째 창업을 이어가며 성공을 만들어 나가야 한다.

그런 점에서 〈우미학〉은 현명한 판단을 해 나가고 있는 것이다. 그래서 점점 좋은 브랜드를 만들 수 있었고 두 번째 브랜드는 오픈 시작부터 많은 사람들의 관심을 받고 있는 것이다.

〈우미학〉은 서울특별시 강남구 압구정로 30길 51 I.S.A 빌딩 2층에 소재하고 있으며 홈페이지 주소는 http://woomihak.modoo.at/이다.

(2) 건조숙성 돼지고기의 새로운 기준 〈고기고샵〉

한국 사람들이 가장 사랑하는 삼겹살 전문점은 시간이 흐르면서 다양한 방식으로 진화, 발전돼 왔다. 고기를 숙성시키는 방법과 양념, 고기를 찍어먹는 소스 및 고기와 곁들이는 식재료와 세팅 방식 등에 따라 삼겹살 전문점은 여전히 진화중이다. 그런 가운데 최근에는 드라이에이징 기법을 개발해 고기전문점을 운영하는 점포가 각광받고 있다.

건조숙성으로 돼지고기도 고급스럽게 내놓는 양대창전문점으로 각광받고 있는 〈연타발〉이 최근 드라잉에이징 기법을 개발해 쇠고기전문점 〈고기고〉와 돼지고기전문점인 〈고기고샵〉을 론칭했다. 본격적인 프랜차이즈 사업을 전개한 돼지고기전문점 〈고기고샵〉은 KBS 개그콘서트에서 '오랑캐'라는 별명으로 대중들로부터 인기를 얻고 있는 개그맨이 대표로 있으며, 그의 인기와 더불어 고객들로부터 한창 입소문을 타고 있다. 〈고기고샵〉의 건조숙성은 도축 후 진공 포장을 해 수분 증발 기간을 줄이는 습식숙성과 다르게, 고기 중에 고기를 두어 그대로 말려 수분은 줄지만, 육즙을 응축시키는 것을 말한다. 건조숙성의 경우 일반돼지와 다르게 수분이 증발하면서 고기가 축축하고 표면부터 서서히 숙성하기 때문에 숙성되는 고기의 양이 20~30% 정도 줄어든다. 하지만, 영양분 농축으로 고기의 맛은 더욱 진해진다. 또 건조숙성을 하면 고기의 자연효소가 근육을 파괴해 고기의 맛을 더욱 연하고 부드럽게 한다. 아울러 영양분의 농축된 만큼 고기는 식감이 부드럽고 고소한 맛과 감칠맛을 더한다. 〈고기고샵〉은 본사의 고기에 대한 오랜 노하우로 설립된 CK에서 직접 숙성해 안심하고 즐길 수 있다.

고객과 가맹점이 만족할 만한 맛과 시스템을 위해 〈고기고샵〉은 지난 2016년 4월 문을 열고 1년간 점포 운영에 대한 검증을 거친 브랜드로 본격적인 가맹사업을 펼치고 있다.

건조숙성은 2주에서 최대 5주간 숙성시킨 것으로 전통적인 고기 보관 방식 가운데 하나다. 고기를 연육하는 방법 중에 최고의 맛과 향을 내는 으뜸방식으로 〈고기고샵〉만의 뛰어난 기술로 완벽하게 재탄생 됐다. 무엇보다 점포에서 고객은 쾌적한 환경 속에서 고기를 즐길 수 있으며, 가맹점주는 본사CK에서 1kg 단위로 슬라이를 해와 주방시스템 간소화로 창업 초보자들도 손쉬운 점포 운영을 도모할 수 있다. 건조숙성에 맛을 한 번 들린 고객은 반드시 다시 찾을 정도로 〈고기고샵〉은 단골 고객으로 문전성시다.

10호점까지 가맹비 50%를 할인하고 있는 〈고기고샵〉은 지난 3년간 쇠고기와 돼지고기 1,000마리 이상의 테스트를 통해 얻은 노하우로 프랜차이즈 브랜드를 만들게 됐고 무엇보다 드라이에이징 전문

본사 CK를 가동해 매장에 직송하는 시스템으로 예비가맹점주들에게 주방시스템을 간소화한 것이 가장 큰 장점으로 꼽힌다.

고기전문점 내공을 지닌 든든한 파트너인 〈고기고샵〉의 건조숙성 제품은 무항생 돼지만을 골라 도축해 HACCP의 공정을 거쳐 CK에서 온도 (1~3°C)와 습도 (70~80), 바람으로 건조해 숙성한다. 때문에 수분, 지방, 작업 손실 발생으로 인해 중량이 30%가 감소한다. 이런 과정을 거친 고기는 돼지고기 특유의 잡내가 나지 않고 부드러운 육질과 고소한 감칠맛이 배가 되어 저지방 부위가 포함된 돼지고기로 최근 고기전문점 트렌드를 선도하고 있다.

〈고기고샵〉은 점포 내에 드라이에이징 쇼케이스를 구비해놔 고객들에게 시각적인 효과는 물론 고기를 매장에서 직접 구매할 수 있도록 했다. 점포 인테리어는 기존 삼겹살전문점과는 달리 고급스러우면서도 모던하고 세련된 분위기를 제공하며, 가족단위 고객은 불론 직장인들과 젊은 여성들이 선호할 만한 분위기다.

건조숙성 고기전문점은 향후 새로운 시장으로 전망이 클뿐만 아니라 선두주자로서 예비창업자들에게 강점으로 작용함은 물론, 〈연타발〉로 인해 오랫동안 내공을 쌓아온 역량 있는 회사가 만든 브랜드인 만큼 믿을 만하다. 아울러 3년간의 쇠고기와 돼지고기 건조숙성에 대한 연구개발과 CK공장을 운영할 정도의 물량확보 등에 대한 자신감은 〈고기고샵〉만이 갖는 강점으로 주목된다.

이곳의 현 소재지는 서울특별시 강남구 역삼동 819-3 1층(강남대로94길 20)이며 전화는 02-553-0943 이다. (http://gogigoshop.co.kr).

3. 구이 전문점 성공사례 〈참누렁소 & 한육감〉

서울 노원구 하계동에 위치한 한우구이전문점 〈참누렁소〉는 고깃집을 하는 사람이라면 한 번쯤 다리품 팔아 일부러 다녀왔을 법한 곳이다.

만화 '식객'의 작가 허영만도 '소고기 전쟁' 편을 출간할 때 참누렁소 가족들의 도움을 받았다는 것은 알만한 이들은 모두 알고 있는 사실이다.

1) 노련한 참누렁소 & 세련된 한육감

2003년에는 한우정형기술과 숙성노하우를 만화가 허영만과 함께 '식객' 3권에 '소고기 전쟁' 편에 녹여내며 세간의 주목을 받았다.

1997년에 오픈한 〈참누렁소〉는 외식업계에서 소고기의 교본과도 같은 역할을 하는 곳이다. 40년 동안 육가공 공장을 운영해온 노하우를 바탕으로 외식업 종사자들에게 소 한 마리를 실제로 해체·정형하는 모습, 각 부위별 명칭과 특징에 대한 교육, 그리고 현장에서 보았던 소고기 부위를 직접 구워 시식까지 하게 하는 등 직접 보고, 듣고, 배울 수 있는 시스템을 갖추고 있기 때문이다.

이처럼 육가공부터 농장, 유통, 도·소매, 외식업체까지 원스톱으로 운영해 올 수 있었던 데에는 대표와 직원들의 노력이 있었기 때문이다.

한육감 그랑서울점이 세미 파인 다이닝 레스트랑이라면, 광화문 D타워점은 파인 다이닝 레스토랑으로 업사이징 했다. 165m²(50평형) 규모의 캐주얼 다이닝 콘셉트의 레스토랑을 추가로 선보이며 하나의 라인으로 연결된 카테고리 킬러를 지향하고 있다.

2) 농장에서 식탁까지 소고기의 모든 것 '참누렁소'

참누렁소 최고의 경쟁력은 한우농장의 운영부터 육가공, 도·소매 유통, 정육판매, 식당 운영, 아카데미 운영까지 소고기에 관한한 A부터 Z까지 완벽하게 갖추고 있다는 점이다. 직접 매장에서 정형을 하므로 한우를 마리째 사입해 원가를 낮출 수 있는 것이 가장 큰 이점이다. 또한 35년간 다양한 거래처를 통해 소고기 유통을 해와 비선호 부위도 쓰임새와 메뉴에 따라 소비할 수 있다. 이로 인해 최고등급의 1⁺⁺소고기만을 취급함에도 가격이 상대적으로 저렴하다.

참누렁소는 소고기에 대한 교육을 전수하는 아카데미를 개설해 운영하고 있다. 외식업소 CEC, 외식 관련 대학원생, 외식업에 관심 있는 사람 등 다양한 분야에 있는 사람들의 요청으로 '만배맛(만나고 배우고 맛보고)' 이라는 아카데미를 개설했다. 학생은 1인당 5만원, 일반인은 7만원의 실비를 받고 소고기 전반에 대한 부위별 교육과 스토리텔링, 소 한 마리를 해체하는 정형쇼, 그리고 부위별 시식을 할 수 있도록 했다.

3) 음양오행에 따른 약선음식으로 고객 건강 플러스

참누렁소를 찾는 고객들은 대부분 지역주민들이다. 한 해에도 간판이 수없이 바뀌는 가운데 참누렁소는 18년 동안 한자리에서 꾸준히 영업을 하고 있는 터줏대감이다.

참누렁소는 고기를 먹을 때 곁들여 먹는 장아찌도 하나의 소우주를 담고 있다. 장아찌는 각 목기에 사각형의 그릇에 담아 밭 전(田)

자로 세팅해 밭에서 나는 뿌리, 줄기, 잎, 열매를 각각 담아낸다. 또한 샐러드 접시 하나에도 오방색과 뿌리부터 열매까지 모두 담아내고, 제철에 나오는 모든 과일은 청을 담가 효소로 발효시켜 샐러드의 소스나 고명으로 활용하고 있다.

또한 체계적인 주방 시스템 구축 및 운영으로 업무 효율성을 위해 업그레이드했는데, 참누렁소에는 그동안 벤치마킹을 다녀간 경영주들이 수두룩하다. 그때마다 모든 노하우를 숨김없이 공개하고 있다.

4) 비전과 미션을 공유할 수 있는 브랜드와 콘셉트

참누렁소와 한육감이 가장 중요하게 생각하는 부분은 비전과 미션을 공유하는 일터다. 이곳에 들어오면 일단 소고기에 대해서는 박사가 되어야 한다.

어느 직원은 참누렁소에 들어오기 위해 4~5년을 기다렸을 정도다. 이처럼 참누렁소가 지역사회의 건실한 일터로 사랑받는 이유는 봉사는 물론 고용창출과 소비 등 모든 것을 지역 내에서 하기 때문이다.

브랜드 명	참누렁소	한육감 그랑서울	한육감 광화문 D타워
메뉴	생갈비(170g 6만 5000원), 살치살 (130g 5만3000원), 꽃등심(130g 4만 4000원), 생등심 (130g 3만5000원), 전통불고기(250g 2만 원), 양념왕갈비(미국 산 270g 3만2000 원), 점심특선 참불 고기정식(1인분 1만 6000원), 육회비빔밥 (1만5000원), 갈비탕 (1만원)	본인립아이(100g당 2만원), 코스 메뉴(6 만5000원, 8만5000 원), 한우육회(2만 5000원), 살치살 (130g 5만3000원), 안창살(130g 5만 3000원), 소꼬리차 돌(호주산 2만8000 원), 눈꽃등심(130g, 4만2000원), 한우등 심된장(1만2000원)	크라운 램(22만원), 코스메뉴(6만5000 원, 8만5000원, 9 만8000원), 안창살 (130g 5만3000원), 한우등심(150g 3만 7000원), 눈꽃등심 (130g, 4만2000원), 한우육회비빔밥(1만 5000원), 한우등심 된장(1만2000원)
주소	서울시 노원구 공릉 로 63길 13 유토피 아빌딩 1층	서울시 종로구 종로 33 그랑서울 B1	서울시 종로구 종 로3길 17 D타워 5 층
전화	02-973-6400	02-2158-7933	02-2251-8686
영업시 간	10:00~23:00	11:30~22:00(일요일 휴무)	11:30~22:00(일요 일 휴무)
콘셉트	가족외식	세미 파인 다이닝	파인 다이닝

(1) 철저하게 기획하고 디자인해 론칭한 한육감

한육감은 참나무 숯을 사용, 1300℃ 원적외선 열에서 단시간에 구워 소고기의 육즙이 빠져나가지 않게 하고 참숯의 훈연을 그대로 느낄 수 있는 직화 방식으로 원하는 양 만큼만 구워 레스팅 후 즐기기를 권한다. 또 소고기의 부위별 맛의 특징을 살릴 수 있도록 천일염, 고추냉이, 홀그레인 머스터드 등을 제공, 취향에 맞게 한우를 즐길 수 있다.

(2) 맛집을 넘어 고객에게 시간을 파는 공간

한육감은 최고 등급의 소고기를 판매하고 있지만 좋은 식재료로 맛있는 음식을 파는 맛집을 넘어 고객에게 시간을 파는 레스토랑이 되고자 한다. 맛이란 개개인의 입맛과 기준에 따라 달라지기 때문이다. 멋진 경험과 공간을 제공하고 멋진 시간을 만들어 주기 위해 새로운 외식경험을 제안하는 것이다. 그것은 '킹즈(KINGS)'라는 공간을 통해서 구현하고 있다.

요즘처럼 많은 정보와 상품이 넘쳐나는 시대에 엄선된 것만을 미리 구별해 제안하고자 하는 것이다. 식재료부터 커트러리, 가구, 조명 등 가치 있는 상품을 미리 제안함으로써 고객과 가치를 공유하기 위해 노력하고 있다.

한육감 그랑서울점이 와인을 저렴한 가격으로 대중화하고 있다면, D타워점은 샴페인을 대중화하기 위해 합리적인 가격에 선보이고 있다. 여느 레스토랑에서 40만원대에 판매되고 있는 돔 페리뇽 샴페인을 22만원이라는 파격적인 가격에 제공하고 있다.

(3) 고객의 판타지를 현실로 만들어주는 공간

서울의 중심 광화문은 과거부터 왕, 대사관, 상인이 모두 있는 서울의 심장부다. 한육감의 두 번째 매장으로 광화문 D타워를 선택해 1920~1930년 사이에 프랑스를 중심으로 탄생해 뉴욕에서 꽃을 피운 아르데코 양식으로 인테리어 콘셉트를 잡아 '킹즈(KINGS)'라는 공간을 설계했다.

한육감 D타워점은 영화 '위대한 개츠비'에서 개츠비가 데이지를 기다리며 매일 밤 화려한 파티를 열던 저택에서 영감을 받아 광화문과 세종문화회관을 바라보며 음식을 즐길 수 있도록 하는 등 100가지 디테일을 녹여 고객의 외식 경험을 극대화하기 위한 장치를 했다. 고객의 내점 시 호텔에서 경험할 수 있는 코트보관 및 VVIP 와인보관 서비스 등을 비롯해 시그니처 메뉴인 60cm 크기의 '본 인립아이', 왕의 대관식을 형상화한 '크라운 램' 등 스토리텔링을 통해 특별한 메뉴를 제공하는 것은 물론 책장 너머 은밀한 킹즈 룸과 킹즈 체어 등 특별한 경험을 제공하고 있다. 또한 한국 전통적인 숯불구이는 그대로 구현하되 코스메뉴로 풀어 양식을 접목해 선보인 코스메뉴 '더 스테이크 로드'(The Steak Road)는 한식 구이문화의 세계화 가능성을 엿보게 한다.

5) 벤치마킹 포인트와 경쟁력

참누렁소&한육감의 Benchmarking Point와 경쟁요소를 종합해 보면 다음과 같다.

완생을 꿈꾸는 직장인들을 위한 출세커피 서비스를 위해 한육감에서는 평일 점심(오전 11시~오후3시)에 서비스로 제공하고 있는 출세커피가 광화문, 인사동, 청계천 인근 직장인들 사이에 화제가 되고 있다. 서비스로 나오는 커피답지 않은 퀄리티에 미생에서 완생으로 거듭나게 한다는 문구가 미소를 짓게 한다. 점심시간 이곳은 비타민 같은 공간이 되고 있다는 평이다.

호텔식 서비스를 제공하는 레스토랑으로 VVIP 고객에게는 개인 와인 보관서비스를 제공하고, 업소 입구에는 고객들의 외투를 보관하는 옷장을 마련해 놓았으며, 여행용 가방 보관서비스 등 마치 호텔 컨시어지급의 서비스를 제공하고 있다. 각 테이블마다 다양한 기종의 핸드폰을 충전할 수 있도록 배려했으며, 룸에도 가방과 옷 등에 고기 냄새가 배지 않도록 보관할 수 있는 옷장을 별도로 설치해 놓았다.

스케일이 다른 고기 비주얼과 식감을 위해 한육감의 대표메뉴인 '본 인 립아이(Bone in Ribeye)'는 일반적인 스테이크전문점에서 볼 수 없는 화려한 비주얼을 자랑한다. '죽기 전에 꼭 한 번 맛봐야 할'이라는 수식어가 붙은 본 인 립아이는 소갈빗대에 등심과 갈비살 및 살치살이 붙어있는 60cm의 거대한 고깃덩이를 35일간 드라이 에이징한 다음 초벌하는데, 고기를 고객 앞에서 직접 굽고 잘라 제공하는 장면은 탄성을 자아내게 한다.

고기구잇집의 상징인 가위를 없앴다. 한우의 우수성을 세계에 알리기 위해서는 외국인들이 혐오스러워하는 부분을 개선하는 것이 중요하다고 판단, 고기구이집의 상징과도 같은 가위를 없었다. 대신 서양의 스테이크처럼 고기를 구운 후 칼로 썰어 제공한다.

한국식 스테이크전문점에 걸맞는 고품격 기물을 위해 한우의 세계화를 꿈꾸는 한육감의 고급스러움은 기물에서도 잘 나타난다. 개인 접시로 사용하는 원형 스톤플레이트, 스테이크식 우드핸들 커트러리, 인당 제공되는 다이아몬드 내추럴 미네랄 워터, 비주얼을 고려한 식재료 플레이팅, 대형 그라인더로 뿌리는 소금과 후추 시즈닝 퍼포먼스 등이 그것이다.

쇠갈고리 조명, 컵 샹들리에 등 특허 조명을 사용하는 한육감의 중앙에 위치한 갈고리 레일형 조명은 육가공 공장에서 800kg이 넘는 소를 걸어 이동시키는 시설을 재현했다. 쇠갈고리 조명은 디자인 의장등록을 했다. 탐딕슨 조명과 컵을 이어 만든 샹들리에는 재미와 함께 공간에 유니크한 활기를 더해준다.

직원 식단표와 연간 반찬 식단표를 구성하여 참누렁소 직원들은 하루세끼를 매장에서 먹는다. 그래서 한솥밥을 먹는 식구다. 월별로 식단표를 만들어 그날의 메뉴를 맛있게 조리해 함께 먹는다. 또 고객들에게 나가는 찬도 계절에 따라 많이 나오는 식재료로 반찬표를 작성해 놓고 주방에 붙여놓았다.

35년여 동안 함께 한 소 정형의 고수로 참누렁소는 직원과 오랜 세월 동행 해온 외식기업이다. 정육 부분을 총괄하는 장삼교 부장도 35여 년이란 결코 짧지 않은 시간 동안 참누렁소와 함께 소 정형 전문가로서 장인의 길을 걸어온, 정교하고 정확한 칼솜씨의 진정한 고수다.

식재료 저장 창고와 냉장, 냉동고의 규격화로 식재료 저장 창고와 냉장·냉동 저장실도 정리 정돈을 통해 효율적으로 운영하고 있다.

모든 선반은 스테인레스로 제작해 내구성이 좋은 것은 물론 녹이 스는 것을 방지했다. 또 식재료를 저장할 용기를 미리 구상해 크기에 맞춰 칸을 만들어 활용도를 높였다. 각각의 저장 용기에는 이름표 및 날짜를 기입해 손쉽게 찾을 수 있도록 했다.

III

불고기 전문점

1. 불고기의 역사와 메뉴의 발전

1) 불고기의 유래

학창시절에 시험을 잘 보면 부모님으로부터 제육볶음 대신에 불고기를 얻어먹을 수 있었다. 얇아서 녹아 버릴 것 같은 소고기에 달고 짭조름한 양념, 부드럽게 익은 야채, 당면도 빠지면 서운했다. 누가 그 맛을 거부할 수 있을까. 불고기는 한국인의 '솔(Soul) 푸드' 중 하나다. 사그라지지 않는 '단짠' 열풍의 맥을 짚어 올라가면 한국인의 미각 유전자 지도에 새겨진 달콤하고 짭짤한 불고기가 필시 나타난다.

단, 원류를 짚어 보면 현재 형태의 불고기는 불과 반세기 전에 등장한 젊은 음식이다. '우래옥', '하동관', '한일관' 개업 당시부터 고기를 대는 '팔판정육점'에서 나온 이야기다. 청와대 옆 동네 팔판동에 자리한 이 작은 정육점은 1940년 개업했다.

동대문종합시장 안에만 3곳의 매장을 두고 총 7곳 매장을 경영하던 선대의 '용흥정육점'이 그 전신이다. 한간 이북의 군납도 이 정육점이 모두 도맡고 있었으니 규모를 짐작할 만하다. 한우 암소 1^{++} 등급만 고집하는 이 정육점에서 '육절기'를 들인 것이 1960년대 후반의 일이다. 소 옆구리만 만져 봐도 육질을 아는 쩌렁쩌렁한 목소리의 '정육 명장'이 증언한다. 한국전쟁 전에도 불고기가 있기는 했다. 얇게 썬 고기에 양념을 발라 석쇠에 굽는 형태였다. 휴전 후에는 먹을 것이 없어 뼈를 푹 고은 탕으로나 소고기를 먹을 수 있었고, 1960년대 중반부터 지금의 형태의 불고기가 등장해 외식 메뉴로 자리 잡았다. 1967년 당시에 불고기도 현재와 같았다.

주목해야 할 것은 고기의 두께다. 지금처럼 얇디 얇아 부드러운 불고기를 먹을 수 있게 된 것은 1970년부터다. 일정한 두께로 고기를 썰어 주는 기계, 육절기가 등장하면서다. 1960년대 말에 일본에서 육절기를 구해다 썼다. 국내에 정식으로 출시된 게 1970년의 일이었으니 우리가 몇 해 빨랐다.

일제는 칼날이 탄성이 좋아 최고로 쳤고 미제 육절기는 칼날이 단단해 깨지면 깨졌지 휘는 일이 없었다. 경제 부흥기와 맞물려 불고기는 대표적인 외식 메뉴로, 일상을 축하하는 특식 메뉴로 자리 잡아 그 달고 짠 맛을 미각 유전자에 아로새긴 것이다.

2) 불고기의 발전과 변천

1946년 11월 서울 주교동에 '우래옥'이 문을 열었다. 처음부터 불고기와 평양냉면이 대표 메뉴였다. 첫날 5근을 받아갔는데 둘째 날 20근, 셋째 날은 70근으로 주문이 늘었고 이것이 서울의 음식 역사를 써 내려온 명가의 개업 문전성시였다.

우래옥은 창업자 할아버지 때부터 평양에서 모셔온 주방장 두 명이 만들었으니 우래옥 불고기는 진정한 이북식 불고기이며 창업 당시부터 불고기 맛은 변하지 않았다.

1980년 무렵 개업해 이제 40년을 바라보는 젊은 노포 '보건옥'은 서울식 불고기의 명소다. 개업연도도 가물가물할 정도로 털털하게 가게를 이어 오고 있는 이곳의 대표는 영등포에서 정육점을 하다 차린 이 식당의 첫 상호가 '보건 불고기센터' 였다.

불고기가 서울의 전유물은 아니다. 경남 언양, 전남 광양의 불고기는 조선시대 고서에서 찾아볼 수 있는 '설야멱적' 이나 고구려 당시부터 내려왔다는 '맥적' 의 계통임을 짐작할 수 있다. 고기에 양념을 해 수분 없이 구운 것이다. 언양식은 고기를 얇게 채쳐 쓰고 광양식은 고기를 얇게 저며 쓴다. 남쪽의 불고기는 마포구 '역전회관' 과 송파구 '광양불고기'에서 맛볼 수 있다.

3) 한국인의 입맛, 달콤짭짤한 불고기

'윤식당'은 갔지만 불고기가 남았다. tvN 예능프로그램 '윤식당'의 불고기가 사로잡은 것은, 발리 옆 롬복 섬에서도 북서쪽 작은 섬, '길리 트랑왕안'의 외국인들뿐만 아니다. 배우 윤여정이 가느다란 손길로 팬을 잡고 볶아 낸 불고기는 '라이스'가 되고 '누들'이 되고 필리치즈샌드위치 스타일의 '버거'가 돼 가가호호 시청자들의 마음을 빼앗았다. '윤식당' 관련 검색어로 처음 나오는 것이 '그 아름다운 섬이 어디냐' 하는 '촬영지'고 그 다음이 '그 맛나 보이는 불고기 요리를 어떻게 만드냐' 하는 '불고기 레시피'다. 사회관계망서비스(SNS)나 블로그의 가정 요리사들은 방송이 시작되고 얼마 지나지 않아 경쟁적으로 '윤식당' 불고기 인증사진을 올리기 시작했다.

화제의 '윤식당' 불고기 뒤에는 홍석천, 이원일 셰프가 있다. 메뉴 개발은 물론 주방 운영의 기초까지 전수해준 '윤식당' 컨설턴트다. 이 셰프는 "가게에서의 요리는 가정에서 하는 것과 완전히 달라야 하는데 출연자는 물론 제작진도 잘 알지 못 하는 부분 이었다"며 두 가지 포인트를 짚었다. "가게에서는 들어오는 주문을 빨리 '쳐내는' 것이 가장 중요하다. 밑 준비를 모두 마쳐 놓고 바로 조리할 수 있어야 한다. 금방 조리할 수 있는 동시에 맛은 풍부하게 나야 하므로 양파를 채쳐 넣으면서 소스에도 갈아 넣어 감칠맛과 단맛을 내도록 했다. 또 하나는 마더 소스(모체 소스)로 여러 가지 요리가 나와야 한다. 불고기 하나로 라이스, 누들, 버거 세 가지 메뉴를 할 수 있다." 부드러운 단맛을 주기 위해 배도 함께 갈아 넣었다. "배는 오래전부터 궁중음식이나 반가음식에서 고기를 연하게 하기 위해 사용돼 온 재료"라는 것이 이 셰프의 팁이다.

초보 오너 셰프 윤여정을 위한 레시피인 만큼 '윤식당' 불고기 요리는 누구라도 따라 할 수 있을 정도로 쉽다.

맛의 기본이 되는 마더 소스도 간단하다. 물 2컵, 간장 2컵, 양파 1개, 사과나 배 3분의 2개, 다진 마늘 4분의 1컵, 설탕 1컵, 후추 1티스푼을 믹서로 곱게 갈면 끝이다. 달군 팬에 올리브유를 두르고, 배우 정유미처럼 야무지게 채 썬 당근과 양파를 먼저 볶는다. 대파와 불고기용 얇은 소고기도 넣어 볶다가 고기가 거의 익으면 만들어 둔 마더 소스를 한 국자 넣고 1분간 더 볶는다. 불고기를 밥 위에 얹고 양상추와 고수를 곁들이면 감쪽같이 완성. '누들'을 만들 때는 마더 소스와 함께 불려 둔 당면을 한 줌 넣는다. '버거'도 크게 다르지 않다. 당면 대신 미리 갈아 둔 치즈를 넣고 치즈가 녹으면 빵, 양상추, 불고기, 고수 순으로 쌓으면 된다. 마무리로 트러플 오일을 살짝 둘러 복잡다단한 향으로 완성한다.

4) 가장 한국적인 맛 불고기 메뉴의 조합

잠재된 '티핑포인트' 끌어올려줄 불고기 메뉴의 조합. 구수한 메밀, 시원한 육수, 그리고 달짝지근한 양념의 돼지불고기 삼합은 갑자기 매출이 성장하는 티핑 현상을 이끌어낼 수 있는 가능성을 지니고 있다. 실제로 '티핑포인트(Tipping Point)'를 끌어올리거나 꾸준한 매출을 유지하는데 유리하다.

(1) 고객 부담 낮추고 수익성 높인 선육후면 콘셉트

메밀면은 특유의 중독적인 맛과 향으로 마니아층이 두텁다. 특히 웰빙 식재료로 각광받으며 최근에는 남녀노소 구분 없이 어필하고 있다. 이에 따라 메밀 함유량을 70~100%로 높이거나 직접 자가제면 한다며 수제 키워드를 장착해 소구하는 업장이 늘고 있다. 면식전문점뿐만 아니라 고깃집 등 비전문점에서도 메밀면(냉면, 막국수 등)에 대한 소비자의 기대감을 높이고 경쟁력을 확보하기 위해서는 일정 수준 이상의 면발, 육수 등 상품력이 뒷받침돼야 하는 것은 당연지사다. 하지만 소비자는 면 하나만으로는 식사로서 충분치 않다고 느끼기 쉽다. 금세 허기지고 허전해지기 때문. 이는 단순히 면을 넉넉히 먹는 것으로는 쉬 해소되기 어렵다. 또한 냉면, 막국수 등이 시즌

메뉴로 인식돼 계절적인 영향이 불가피하기도 하다. 이 때문에 면을 만두, 갈비 등과 구성한 세트상품도 더러 볼 수 있다.

그중 궁합이 뛰어난 '메밀면+돼지불고기' 메뉴는 메밀면 단품구성의 단점을 보완해주며 하절기는 물론이요, 동절기에도 소비자를 유인하는 요소로 작용한다. 메밀과 불고기는 소비자 선호도가 높은 조합이다. 선육후면 콘셉트로, 고기와 면을 부담 없이 동시에 즐길 수 있게끔 구성한 것이다. 선육후면은 우리민족의 전통적 식습관에서 기인했다. '메밀+불고기' 세트는 면식에 대한 소비자의 내재된 니즈를 이끌어낸다.

메밀이 밀가루에 비해 비싸다고 하지만 100% 메밀면 원가는 1인분 700원가량이다. 또한 불고기는 국내산 돼지고기를 사용한다고 해도 단가가 저렴한 목전지 부위를 쓰면 기대 이상으로 수익성을 높일 수 있다. 원가비중을 더 낮추기 위해서는 수입산을 사용하면 된다. 미국산 목전지는 1kg당 3000원대다.

(2) 계절 타지 않는 '막국수+숯불고기' 세트

〈광릉불고기〉 강원도 원주점의 경우 100% 순메밀 막국수와 돼지불고기가 함께 나오는 '불고기막국수(9000원)'로 매출이 수직 상승한 사례다. 고사 상태에 몰려 거의 폐업 직전까지 갔을 때 '마지막

한 수'로써 100%순면으로 상품력을 내세우자 고객은 반응하기 시작했다. 개업 초창기에는 고구마전분과 메밀 비율을 6:4로 제면했다.

식감은 쫄깃했지만 정작소비자는 여타 막국수와 별다른 차별성을 느끼지 못 했다. 이후 100% 순메밀면으로 콘셉트를 재정비해 출시하자마자 폭발적인 매출 신장(6배)을 보였고 현재까지 안정적으로 이어지고 있다. 시원한 막국수와 찬 성질을 지녔다고 알려진 돼지고기의 조합은 여름메뉴성격이 짙지만 계절을 타지 않는 대박집으로 자리매김했다. 불고기막국수만 하절기 하루 평균 400그릇, 동절기에도 100그릇이상 꾸준히 판매하고 있다. 겨울을 대비해 출시한 신메뉴 '불고기우동(9000원)'이 하루 평균 40~50그릇 판매되는 것과 대조된다.

불고기막국수는 숯불직화 돼지불고기 200g과 자가제면한 100%메밀면으로 구성된다. 100% 메밀면임에도 불구하고 쉬 퍼지고 툭툭 끊어지는 순메밀면의 단점을 물과 메밀의 반죽비율, 끓이는 시간 등을 통해 어느 정도 보완했다. 껍질을 벗긴 메밀속살(녹쌀메밀)만으로 제면해 유백색을 띄며 껍데기째 제분한 메밀보다 식감이 부드러운 것이 특징이다. 돼지불고기는 수입산 목전지살을 사용하며, 설깃살, 우둔살 등 소고기로만 육수를 낸 뒤, 동치미국물을 넣어 새콤한 맛을 더했다. 식재료비에 인건비까지 감안해도 원가비중이 50%를 넘지 않는다는 것이 〈광릉불고기〉 원주점 대표의 설명이다.

서울관악구 〈막쌈냉면〉은 점진적으로 매출이 상승한 사례로, 천막 포차에서 시작해 6년 만에 정식 점포 2개로 확장했다. 대표 메뉴는 막국수와 직화불고기 조합의 '비빔막쌈(7000원)', 개업 초창기에는 막국수만 판매했지만 금세 허기진다는 단점을 보완하기 위해 막국수 에 직화불고기를 함께 구성하게 됐다. 원가비중은 높아졌지만 고객 만족도를 높이고 더 나아가 재방문을 유도하기까지 하니 오히려 득 이다. 식재료 원가비중은 약 40%다.

(3) 가성비 최강, 로스리더 상품으로 소비자 유인

서울 논현동 한우전문점 〈배꼽집〉은 점심 한정메뉴로 '평양냉면+ 숯불구이(7000원)'을 판매하고 있다. 〈배꼽집〉은 가성비를 높여 값 비싼 평양냉면에 대한 소비자 진입장벽을 낮췄다.

일반적인 평양냉면 기준으로도 저렴한 가격대에 숯불구이까지 제공 돼 로스리더(Loss Leader)의 성격이 강한 메뉴라고 할 수 있다. 소 비자의 가격 대비 만족도가 높을 수밖에 없다. 서울 강남 한복판에 서 이러한 가격이 가능한 이유는 〈배꼽집〉 대표가 축산·유통업을 병행하고 있기 때문이다. 평양냉면 후발주자지만 현재 냉면맛집으로 자리잡아가고 있다. 국산 메밀 80% 함유량으로 직접 자가 제면하며,

15% 중력분을 섞어 식감을 살렸다. 육수는 한우 사태로만 낸다. 숯불구이는 국내산 돼지목살(80g)을 사용해 육질이 좋다. 가스불에 초벌한 뒤 숯불에 다시 구워 내어간다. 숯불구이는 덤이라곤 하지만 냉면과 세트로 구성되면 큰 시너지를 발휘한다. 고깃집 냉면에 대한 소비자의 의구심을 불식 시킬만한 수준의 상품력을 보여주고 있어 동절기 점심에도 꾸준히 매출을 올리고 있다. 하절기 점심에는 100 그릇 한정판매량이 오후 1시30분 안에 매진된다. 겨울에도 점심 30 그릇, 저녁 60그릇가량 판매된다. 메밀의 구수함과 달착지근한 양념의 불고기 맛이 조화로워 소비자의 구미를 당긴다. 이외에도 방짜유기에 담아 제공되는데 이는 소비자 만족도를 높이는 작용을 한다.

경기도 남양주〈광릉한옥집〉의 개성 있는 메뉴 '돼지메밀쌈(1만원)'은 '메밀+불고기' 세트의 변형이다. 흔치 않은 메뉴인데다가 고급 건강식으로 중년여성고객에게 어필할 수 있어 점심메뉴로 적격이다. 업장 입장에서는 오퍼레이션이 간단해서 좋고, 손님은 얇게 부친 메밀전병에 숯불고기를 쌈 싸먹는 재미가 있다. 이외에도 평양냉면 마니아들 사이에서 최고라고 평가받는 '평양냉면(1만원)'은 자가제면한 100%순메밀면과 한우 우둔살로 낸 육수의 조합이 특징이다.

2. 글로벌 브랜드로 도약한 불고기의 국제경쟁력

1) 한식 불고기의 세계화를 선도한 브랜드

'불고기 브라더스'는 한식의 세계화를 앞당기기 위해 복잡한 조리 과정의 표준화, 세계인에 기호에 맞는 한식의 개발 및 연구, 식자재, 인테리어, 라이프 스타일에 맞는 음식관련 서비스를 개발하여 해외진출을 뒷받침할 수 있는 발전기반을 마련한다는 점에서 한식업체의 발전을 이끌어갈 수 있는 성공적인 모델이라고 할 수 있다. '불고기 브라더스'는 국내 소비자들에게 익숙한 동시에 외국인들에게도 한국의 대표음식으로 내세울 수 있는 불고기를 좋은 품질의 고기를 넉넉하게 제공한다는 것을 기본 콘셉트로 한국식으로 구워 먹는 소고기 메뉴를 서양식 레스토랑 업태와 융합시키는 기존 패밀리 레스토랑의 표준화된 시스템을 한식에 최초로 도입한 한식 레스토랑이다.

불고기 브라더스는 2006년 4월 13일 (주)이티엔제우스를 설립하여 2006년 10월 23일 1호점인 강남점을 오픈한 이후 명동점, 사당점, 일산점, 2007년 4월 목동점, 5월 염창점, 7월 서교점까지 총 7개로 확장된 후 점포수는 계속 늘어나고 있다. 현재 거의 모든 점포가 월

10%의 매출 성장률을 보이고 있다. 한식 Family Restaurant도 외국계 Family Restaurant에 못지않은 경쟁력을 갖고 있다는 점을 어필하기 위해 빠르게 점포확장을 하고 있으며 현재 해외에 점포를 내어 사업을 확장해 나아가고 있다.

2) 한식 불고기의 SWOT분석

(1) 강점(Strength)

불고기 브라더스는 한식당으로서는 최초로 패밀리 레스토랑을 표방하여 한식의 정형화를 시도한 케이스이다. 패밀리 레스토랑도, 한식당도 아닌 이곳만의 한식 레스토랑 이미지를 창조한 것이다. 자연히 기존 한식당에서는 볼 수 없었던 서비스나 기존 패밀리 레스토랑에서 볼 수 없었던 메뉴들과 맛을 찾아볼 수 있다는 점에서 새로운 시장을 개척하여 First Mover로서의 이점을 선점했다고 할 수 있다.

불고기 브라더스는 다양한 계층에 경쟁력을 가지고 있다. '한식당 패밀리 레스토랑화'라는 어쩌면 이질적일 수도 있는 두 가지를 결합함으로써 한식의 이미지는 중·장년층에, 패밀리 레스토랑의 이미지는 청년·신세대 또는 가족단위의 고객에 어필할 수 있는 경쟁력을 가지게 되었다.

불고기 브라더스의 창업자는 20년간 타 패밀리 레스토랑(아웃백, TGI프라이데이)에서 성공신화를 써온 검증된 CEO다. 이런 동종 산업에서의 풍부한 경험은 유통에서부터 서비스까지 그들이 쌓아온 노하우를 발휘할 수 있는 좋은 바탕이 되고 있으며, 기존 한식당 또는 타 패밀리 레스토랑과 비교했을 때 가격경쟁력도 가지고 있다. 유통과정을 최소화하고 '호주산 청정우' 라는 값싸고 질 좋은 재료를 안정적으로 공급해오는 공급지를 보유함으로써 기존 업체들과의 가격에서 상당한 우위를 점하고 있다.

(2) 약점(Weakness)

비록 짧은 시간 안에 불고기 브라더스가 큰 성공가도를 달리고 있기는 하지만, 패밀리 레스토랑이라는 산업에서 기존 업체들이 쌓아온 인지도를 넘어서기에는 아직 많은 시간이 필요하다. 아직은 체인점의 개수나 불고기 브라더스 만의 독특하고 확고한 이미지가 많이 부족한 것이 사실이기 때문에 짧은 역사를 가진 현 시점에서는 그 부분이 약점이 될 수 있다. 불고기 브라더스는 한우가 아닌 호주산 청정우를 사용한다. 이는 강점인 동시에 약점이 될 수 있다. 값도 쌀뿐더러 한우만큼 좋은 품질의 호주산 청정우를 사용하지만, 일단 우리나라에서는 '소고기는 한우가 최고다' 라는 명제가 아직까지 큰 영향력을 행사하고 있다. 비록 호주산 청정우가 한우만큼의 품질을 가지고 있더라도 소비자들이 일단 외국산 소라는 데에 어느 정도 거부감과 불신이 있기 때문에 좀 더 원재료에 대한 신뢰성을 소비자에게 쌓는 것이 중요하다.

(3) 기회(Opportunity)

주 5일제 실시의 확대로 요식업 전체에 대한 주말 수요가 늘어나면서 패밀리 레스토랑, 한식 시장도 수요 증가의 붐이 일고 있다. 특히 불고기 브라더스는 주말 가족 단위의 외식이 증가하면서 주말 가족단위고객을 노린 'Kid's 마케팅'이나 여러 주말 이벤트를 통해 주말 고객을 유혹하고 있다. 이처럼 요식업, 패밀리 레스토랑 시장의 확대는 불고기 브라더스에게 기회가 될 수 있다. 우리나라의 관광산업이 점점 발전하면서 외국인 관광객이 늘고 있다. 또 한류의 바람이 불면서 한식에 대한 관심도 증가하고 있다. 이는 자연히 시장의 확대로 이어질 것이고, 특히 외국인에게도 어필할 수 있는 패밀리 레스토랑이라는 구조의 한식당이라면 좀 더 관광객에게 어필할 수 있는 충분한 매력요소가 될 것이다.

(4) 위협(Threat)

지난 몇 년간 전 세계와 우리를 불안에 떨게 했던 '미국산 소고기 광우병 파동'은 우리나라의 소고기 산업에도 아직까지 큰 영향력을 행사하고 있다. 비록 광우병 파동이 미국산 소고기에 제한되어 있었다 할지라도 그 후로부터 원산지표시를 의무화하면서 소비자들의 신뢰를 되찾기 위해 정부, 민간이 협력하여 노력해왔다 해도 광우병 파동이 소비자들의 소고기 시장 전체에 대한 이미지에 좋지 않은 영향을 끼쳤다는 것은 명백하다. 또 그 파동이 끝나지 않았고, 언제라도 다시 터질 수 있다는 점에서 소고기 산업을 기반으로 하는 불고기 브라더스에는 큰 위협이 될 수 있다. 한미 FTA로부터 체결된 값싼 미국산 소고기에 대한 전면적 개방은 비 미국산 소고기를 기반으로 하는 업체에 대해 좋지 않은 소식임에 분명하다. 비록 미국산 소고기가 아직까지 소비자의 신뢰를 얻지 못하고 있다 해도 기존 소고기에 반값도 안 되는 값싼 미국산 소고기의 등장은 불고기 브라더스의 가격 경쟁력에도 큰 위협일 것이다. 불고기 브라더스가 '한식당의 패밀리 레스토랑화'라는 독보적이고 참신한 방법으로 성공을 거둠으로써 이 시장에 대한 시장 매력도가 크게 상승하게 되었다. 따라서 기존 존재하고 있는 한식당이나 아니면 아예 새로운 브랜드를 가지고 이 시장을 호시탐탐 노리고 있는 기업들이 많을 것이다. 만

약 새로운 경쟁자가 등장하게 된다면, 불고기 브라더스도 이 시장에서의 독보적 위치를 상실할 수 있는 위협이 있다.

<표8> 불고기 브라더스의 SWOT 분석

Strength	Weakness
• 한식으로서 최초의 패밀리 레스토랑 표방(한식의 정형화 성공) → first mover로써의 경쟁력 • 매뉴얼화 된 시스템으로 체인화의 유용성 • 다양한 계층에서의 경쟁력 한식의 이미지 : 중·장년층, 패밀리 레스토랑의 이미지 : 가족 단위, 청년층 • 다년간 패밀리 레스토랑에서 근무한 풍부한 경험의 CEO • 다른 업체에 비해 낮은 단가	• 다른 업체에 비해 낮은 인지도(오랫동안 자리를 잡아온 타 기업에 비해 짧은 역사로 확고한 이미지, 자본의 부족)
Opportunity	Threat
• 주 5일제 실시의 확대로 주말 가족단위 고객 • 광우병 파동에 따른 신뢰증가(호주산) • 외국인 관광객 증가와 한식에 대한 관심 증가	• '미국산 소고기 파동' 으로 인한 소고기시장 전체에 대한 대중의 부정적 이미지 • 미국산 소고기 개방으로 인한 가격 경쟁력 약화의 우려 • 경쟁자 출현 가능성(불고기 브라더스의 성공 사례를 모방한 타 한식 업체의 진출 위협) • 국내 외식업 시장의 포화

3) 한식 불고기의 시장 경쟁력과 STP 분석

(1) 시장세분화(Segmentation)

마케팅에 있어서 segmentation이란 가치관의 다양화, 소비의 다양화라는 현대의 마케팅 환경에 적응하기 위하여 수요의 이질성을 존중하고 소비자·수요자의 필요와 욕구를 정확하게 충족시킴으로써 경쟁상의 우위를 획득·유지하려는 경쟁전략이다. 정확하고 감각적인 segmentation이 이루어져야만 그 후의 targeting에 있어서도 우위를 선점할 수 있다.

시장세분화는 고객의 필요나 욕구를 중심으로 생각하는 고객지향적인 전략이다. 먼저 다양한 욕구를 가진 고객층을 어느 정도 유사한 욕구를 가진 고객층으로 분류하는 방법이 취해진다. 특정의 제품에 대한 시장을 구성하는 고객을 어떤 기준에 의해 유형별로 나눈다.

시장세분화의 기준으로는 ⓐ 인구 통계학적 변수(나이, 성별, 가족구성원의 수, 가족생애주기, 소득, 직업, 교육 수준, 국적, 인종 등) ⓑ 지리적 변수(국내 각 지역, 도시와 지방, 해외의 각 시장지역) ⓒ 심리적 도식적 변수(라이프스타일, 성격) ⓓ 행동적 변수 등을 들 수 있는데, 문제는 시장세분화의 기준에 대해 혁신적 아이디어를 적용하여 잠재적으로 큰 세분시장을 탐구·발견하는 데 있다. 각종 세분화기준 중에서 풍요한 사회일수록 포착하기 힘든 심리적 욕구 변수가 중요하다.

불고기 브라더스의 경우 이 중 인구 통계학적 변수에 의해 시장세분화를 하고 있다. 인구 통계학적 변수에는 나이와 생애주기, 성별, 소득, 사회적 계층의 변수들이 있는데 불고기 브라더스의 경우 특히 나이를 기준으로 시장세분화를 하였다.

(2) 목표대상(Targeting)

Segmentation 이후 자연스럽게 연결되는 과정이 바로 targeting이다. targeting이란 적절한 통계 자료 분석을 통해 얻어진 segmentation 된 시장에서 자신만의 목표로 하는 고객층을 확실히 하는 것이다. 그 과정을 통해 특정 고객층에 집중된 제품과 서비스를 개발하는 마케팅을 펼칠 수 있다.

표적시장 선택의 단계에서 기업이 선택할 수 있는 마케팅 전략은 무차별적 마케팅, 차별적 마케팅, 집중적 마케팅 세 가지로 분류할 수 있다.

첫 번째, 무차별적 마케팅은 세분 시장 간 차이를 무시하고 하나의 제품으로 전체 시장을 공략하는 전략으로써 하나의 상품과 하나의 마케팅 프로그램을 개발한다.

두 번째, 차별적 마케팅은 여러 개의 표적시장을 선택하고 각각에 적합한 마케팅 전략을 개발한다.

세 번째, 집중적 마케팅은 기업의 자원이 제한될 경우 하나의 특정한 세분 시장을 선택하여 적합한 마케팅 믹스를 개발하여 공략하는 방법이다.

이러한 마케팅 전략 중 불고기 브라더스의 경우 차별적 마케팅을 선택하고 있다. 첫 번째, 타깃 세분 시장은 30대이다. 불고기 브라더스는 세련되고 모던한 분위기를 선호하는 30대의 취향에 착안하였다. 불고기 브라더스는 식당 안에 재즈 음악이 흐르고 와인 바처럼 수십 종의 와인이 빼곡히 진열되어 있어 세련된 분위기를 연출한다. 다양한 종류, 가격의 와인을 제공하고, 각종 제휴 카드 할인, 온라인 쿠폰 할인 혜택 및 세트 메뉴를 제공하고 있다. 한우뿐만 아니라 부대찌개, 해물 떡찜 메뉴를 제공하고 있다.

두 번째, 타깃 세분 시장은 40~50대이다. 안정적인 수입으로 지불 능력이 높고 객단가가 높다. 지나치게 세련되고, 모던한 분위기와 더불어 레스토랑식 부스형 좌석에 한국형 격자무늬를 접목하여 동양의 전통미 역시 강조했다. 또한 불고기 브라더스는 전국 각 지역에서 생산되는 한산 소곡주, 황진이, 세시주, 안동소주, 문배주 등 전통주

18가지를 들여놨다. 그리고 모든 매장바다 '전통주 소믈리에'를 두었다. 전통주 소믈리에는 고객들에게 술에 얽힌 역사나 제조와 관련된 기후·풍토, 술의 맛·성분 등을 설명하며 고객 취향과 모임의 분위기에 맞는 전통주를 추천한다. 더불어 고품질의 일품 요리 메뉴를 제공하는 한편 40~50대 고객의 웰빙에 높은 관심에 대응하여 웰빙 세트를 제공하고 있다.

(3) 포지셔닝(Positioning)

마케팅에 있어서의 포지셔닝이란 소비자의 마음속에 자사제품이나 기업을 표적시장·경쟁·기업 능력과 관련하여 가장 유리한 포지션에 있도록 노력하는 과정을 말한다. position이란 제품이 소비자들에 의해 지각되고 있는 모습을 말하는데 즉, 포지셔닝이란 소비자들의 마음속에 자사제품의 바람직한 위치를 형성하기 위하여 제품 효익을 개발하고 커뮤니케이션하는 활동을 말한다.

불고기 브라더스의 포지셔닝을 살펴보면, 우선 기본적으로 소비자 포지셔닝 전략을 취하고 있고 고품질, 저가격의 소고기 음식점 상표로 포지셔닝을 시도했다. 즉, 재료원가 중 가장 큰 비중을 차지하는 소고기의 구매 유통 경로를 대폭 줄이고, 대량 구매 방식으로 가격을 확 낮췄다. 또한 식자재의 경우 많은 프랜차이즈 식당이 본사가 식자재를 일괄 구매하는 것과는 달리 불고기 브라더스의 경우 본사가 가격 협상을 한 뒤 13개 매장이 직접 식자재를 구매하는 시스템을 지니고 있다. 이 과정에서 배송, 저장 등의 물류 프로세스를 아웃소싱하여 비용을 대폭 줄였다. 과감한 아웃소싱으로 음식들의 품질을 유지한 채로 가격을 내렸다.

4) 한식 불고기의 국제 마케팅과 4P 분석

(1) Product

불고기 브라더스 음식의 가장 큰 특징은 메뉴 뱅크를 이용한 맛의 표준화이다. 지금까지 한식당의 대형화, 체인화가 어려웠던 이유는 한식은 주방장의 손맛에 의존하는 등 조리법이 매뉴얼화 되어 있지 않아 요리하는 주방장에 따라 맛의 편차가 매우 컸기 때문이었다. 하지만 불고기 브라더스는 된장찌개의 염도, 김치의 산도, 과일의 당도에서부터 양념의 분량, 냉면 면발을 씻는 물 온도와 횟수, 불의 세기, 온도, 조리 시간까지 계량화, 매뉴얼화하여 모든 조리법을 '메뉴뱅크' 라는 레시피에 담아 계량화에 성공함으로써 단기간에 빠른 속도로 많은 지역의 체인화에 성공했다.

제품 구색의 경우 불고기 브라더스의 이름과 걸맞게 냉면 브라더스(물, 비빔냉면), 찌개 브라더스(육수 김치찌개, 해물 된장찌개, 생콩찌개 중 두 개 선택), 그 외에도 양념장 역시도 두 개씩 짝지어서 제공하고 있다.

상표의 경우 고기를 익히는 불모양이다. 이는 고객들에게 친숙하고, 고기가 익어가는 연상을 불러 일으켜 고기에 대한 욕구를 이끌어 낸다.

(2) Price

불고기 브라더스는 기존 고깃집보다 고급화된 이미지이지만 가격 면에서도 경쟁력을 가지고 있다. 대표적인 메뉴인 눈꽃등심 1인분 200g이 2만6,900원, 120~150g 1인분에 4만~5만 원 하는 다른 집과 비교한다면 거의 절반 수준이다. 객단가의 기준으로 살펴보면 점심 메뉴의 경우 1만원 안팎, 저녁 메뉴의 경우 평균적으로 2만5천원 안팎이다. 한우메뉴, 호주산 메뉴, 돼지메뉴로 이루어지는 다양한 가격대의 메뉴가 제공된다.

(3) Place

불고기 브라더스는 경쟁업체들과 달리 본사직영체제로 운영되어 본사가 직접 가격 협상을 하여 2~3일에 한 번씩 본사와 계약을 맺은 각 지역의 공급처에서 각 매장이 직접 식재료를 조달한다. 더불어 소고기 대량 구매 방식의 유통 경로, 본사가 식자재 가격 협상 후 13개 매장이 직접 공급업체로부터 식자재 구입, 고기 양념 및 후식의 경우 배송, 저장 등의 유통물류에서 과감한 아웃소싱을 하였다.

매장의 경우는 유동인구가 많은 지역, 즉 주요 타깃층인 30~40대 비즈니스맨과 연인, 가족단위 고객 유동이 많은 곳으로 입점되어 있다.

(4) Promotion

불고기 브라더스는 Outback 공동 창업인 CEO의 인터뷰, 전 청와대 궁중 요리사의 profile 공개를 통해 차별적인 promotion을 하고 있다. 단골 고객의 리스트를 관리하여 그들에게 계절상품, 요리를 선물로 증정하고, 처음 온 손님들에게 매니저급, 직원들이 찾아가 인사를 나눈다. 회원 가입 시 할인권, 전채요리 무료시식권 제공, 일정횟수 방문 시 메인 요리 식사권 제공, 마일리지 카드 활용, 각 호텔의 방문을 통한 고객 유도를 하고 있다.

불고기 브라더스는 광고에 크게 치중하지는 않지만 각종 이벤트, 쿠폰, 추첨을 통해 고객이 직접 찾아오도록 유도하고 있다. 대표적으로 고객의견을 쓴 사람 중 추첨을 통해 VIP 식사권을 주는 이벤트,

직접 매장에 다녀온 사람들을 대상으로 자신의 블로그에 사진과 함께 후기를 올리면 추첨을 통해 식사권을 주는 이벤트 등으로 고객이 직접 홍보하게 하고, 찾아오게 만드는 프로모션 전략을 취하고 있다.

5) 한식 불고기의 경쟁사 대비 제품 경쟁력

(1) 제품 차별화

기업은 성능, 디자인 등과 같이 제품의 물리적 특성을 가지고 차별화할 수 있다. 불고기 브라더스의 경우 엄선된 재료, 청와대 궁중 음식을 담당했던 20년 경력의 요리장을 스카우트하여 6개월 동안 메뉴 개발에 힘썼다. 또한 이렇게 개발된 요리의 조리법을 표준화시켰다. 예를 들어 된장찌개의 염도, 김치의 산도, 과일의 당도에서부터 양념의 분량, 냉면 면발을 씻는 물의 온도, 횟수까지 계량화하고, 불의 세기, 온도, 조리 시간 등을 매뉴얼 함으로써 소비자들이 언제 어디서나 불고기 브라더스 음식점을 찾을 때 느껴보고 싶던 기대하던 맛을 언제나 변함없이 늘 제공할 수 있다.

이는 철저히 메뉴별 레시피가 계량화, 표준화되어 있지 않아 소비자가 재방문 시 기대했던 가치를 완전히, 똑같이 충족시켜주지 못하여 재방문율을 떨어뜨리는 경쟁사에 대비하여 경쟁점 강점으로 파악

된다.

또한 불고기 브라더스의 소고기 유통 경로 개혁, 식자재 구매 시스템 변화, 과감한 아웃 소싱 등으로 메뉴의 가격을 낮춰 경쟁 기업과 동일한 고품질의 음식을 제공하더라도 가격을 낮춰 차별화를 시도하고 있다.

불고기 브라더스는 재료를 투명화, 정량화하고 있다. 불고기 브라더스는 적정식자재 코스트를 30~45%로 명확히 규정하고 있다. 더불어 메뉴판에는 호주산 소고기 메뉴인 경우 원산지를 명확히 밝히고, 양념과 뼈를 제외한 고기량 200g, 양념 포함 350g을 각 표기하고 있다. 메뉴판의 200g이라고 표기하지만 정작 양념, 뼈를 제외하면 150g에도 못 미치는 고깃점들에 비해 불고기 브라더스는 재료에 대한 투명한 정보를 제공하여 고객에게 만족과 신뢰를 제공한다. 또한 밑반찬으로 제공되는 각종 채소의 경우 상추 4장, 깻잎 2장, 풋고추 2개, 마늘 10조각으로 정량화하여 보다 정확하고 효율적으로 재고를 관리, 구매 과정을 시스템화하고 있다.

메뉴의 경우도 또한 일품요리, 구이, 식사, 웰빙 세트, 저녁세트, 와인, 전통주로 고객의 나이 및 기호에 보다 맞는 메뉴를 카테고리화하여 고객의 만족을 얻고 있다. 다양한 와인과 다양한 전통주를 제공하여 경쟁업체와의 차별화를 시도하였고, 더불어 부시맨 브레드

빵 서비스로 선두업체에 올라선 아웃백 스테이크 하우스를 본떠서 고구마, 옥수수, 감자 등의 에피타이저를 제공하고, 고깃집으로는 독특하게 홍시, 유자, 복분자, 딸기 등으로 만든 다양한 에이드 음료를 구비하여 제공하고 있다. 양념 불고기 메뉴의 경우 광양식, 언양식, 서울식의 조리법으로 다양한 메뉴를 제공하고 있다.

또한 불고기 브라더스의 이름에 걸맞게 냉면 브라더스(물, 비빔냉면), 찌개 브라더스(육수 김치찌개, 해물 된장찌개, 생콩찌개 중 두개 선택), 커피 브라더스, 그 외에도 양념장 역시도 두개씩 짝지어서 제공하고 있다.

음식뿐만 아니라 불고기 브라더스는 테이블당 약 800만 원을 투자하여 하향식 배기 시스템을 갖추어 온몸에 배일 냄새 걱정 때문에 고기 먹기를 망설이는 고객들에게 차별화된 경쟁우위를 제공하고 있다.

(2) 서비스 차별화

기업은 제품의 물리적 특성 이외에도 제품의 서비스에 대하여서도 차별화가 가능하다. 더불어 불고기 브라더스는 전통주 소믈리에를 두어 고객들에게 술에 얽힌 역사나 제조와 관련된 기후·풍토, 술의 맛·성분 등을 설명하며 고객 취향과 모임의 분위기에 맞는 전통주를 추천한다.

서비스 방법 등 업무 성과를 높이는 아이디어를 제안하는 직원은 0.5~4.0%의 인센티브나 진급 기회를 얻는다. 이러한 제도를 통하여 직원들이 보다 고객을 생각하고, 애사심을 높이는 교육 효과를 높이고 있다.

(3) 인적 차별화

불고기 브라더스는 다른 고깃집과는 달리 주로 20~30대의 젊은 직원을 선발하고 있으며 그리터, 테이블 담당 서버, 테이블을 치우는 서버, 바텐더 등의 업무를 나눠 배분, 업무의 전문화를 높이고 있다.

또한 직급별 서비스 핸드북이 있는데 이를 고객 서비스 기법과 프로세스를 매뉴얼화하여 전 직원에게 교육시킨다.

그리고 직원 제안 제도를 도입하여 고객 불만에 대한 적절한 해결책, 아이디어를 제시한 직원에 대해서는 인센티브를 주고 업무 성과를 높이는 아이디어를 제안하는 직원은 0.5~4.0%의 인센티브나 진급 기회를 얻도록 하고 있다.

(4) 이미지 차별화

불고기 브라더스는 경쾌하고 세련된 재즈 음악을 제공하고, 매장

내 조명도 공간별로 색상과 밝기를 달리했다. 통로는 어둡게 하는 대신 좌석 부분은 간접조명을 써 은은한 분위기 속에서 고객들이 편안함을 느끼도록 했으며, 불판 쪽은 스포트라이트의 직접 조명을 비춰 고기 익는 모습이 돋보이도록 했다.

인테리어는 패밀리 레스토랑식 부스형 좌석에 한국형 격자 무늬를 접목해 동서양의 분위기를 조화시켰다. 이러한 매장 분위기는 기존의 편안한 고깃집에서 탈피, 레스토랑 같은 세련되고 고급스러운 분위기를 연출하여 경쟁업체에 비해 기업 이미지의 차별화를 기하고 있다. 더불어 불고기 브라더스 홈페이지 온라인 가입 시, 생일 각종 기념일에 혜택을 제공함으로써 체험의 기회를 제공, 기업의 이미지의 차별화를 구축하고 있다.

3. 불고기 전문점의 우수 성공브랜드

1) 한일관

1939년 설립된 〈한일관〉은 서울식 육수 불고기의 역사다. 1960년대 소고기를 얇게 저미는 슬라이스 기계를 일본에서 도입해 부드럽고 쫄깃한 불고기를 처음 판매했다.

육수의 농도는 78년 동안 축적한 비법이다. 그 맛의 역사를 시작한 한일관 창업주는 고 신우경 사장이다. 일제강점기에 서울 종로에 '화선옥'이라는 간판으로 식당 문을 열었다. 소고기가 귀했던 시절이어서 장국밥과 소 내장 양념구이로 손맛을 널리 알렸다. 1945년 광복 후 소고 유통이 자유로워져 직화 소 양념구이 '궁불고기'를 팔기 시작했다.

한일관 육수 불고기 맛은 78년 동안 지켜온 전통과 장인 정신, 오랫동안 거래해온 믿을 만한 식자재 공급업체 등을 꼽을 수 있다.

우선 긴 세월 동고동락한 직원들의 손맛이 단골 고객들을 꾸준히 늘리고 있다. 반찬 조리사인 명예부장은 1960년대 입사해 맛깔나고 다채로운 밑반찬을 조리해온 달인이다. 고문과 관리부 직원들 역시 1960년대부터 한일관을 지키고 있다. 육부장(육류 조달 부장)과 조리실장 역시 오랜 세월 한일관의 버팀목이 되고 있다.

한일관의 매력은 맛이 뛰어나지만 그리 비싸지 않다는 데 있다. 점심 코스 메뉴는 2만9000원이다. '새 상차림'은 계절죽, 녹두빈대떡과 해물파전, 한일관 특선요리(낙지볶음, 황태구이, 구절판 중 택일), 전통 갈비구이 한 대, 식사(우거지탕, 육개장, 버섯들깨탕, 된장찌개, 골동반, 만두탕, 냉면 중 택일)로 구성된다. '한일관불고기상차

림'은 계절죽과 계절샐러드, 녹두빈대떡과 해물파전, 등심불고기구이
와 황태구이, 식사로 구성된다.

2) 석이네

㈜레비스인터내셔날이 신규브랜드 〈맛을 볶은 사람들 석이네(이하
석이네)〉를 론칭했다. 맛을 볶는 사람들 석이네는 서민을 위한 맛집
을 만들겠다는 모토의 오징어&돼지불고기전문점이다. '맛을 볶는 사
람들' 이라는 말로 맛을 중요시한다는 점을 내세우며 오징어와 불고
기를 섞어 먹는 콘셉트를 〈석이네〉로 표현했다.

이곳의 메뉴는 크게 오징어불고기와 돼지불고기로 나누는데 여기
에 주꾸미, 낙지, 치즈 등을 추가한 메뉴로 다양하게 먹을 수 있다.
저녁시간에는 안주요리로 인기가 높지만 점심에는 달걀프라이를 얹
은 도시락과 불고기세트를 선보여 시간대에 구애받지 않고 손님들이
꾸준히 방문할 수 있도록 했다.

자사의 프리미엄 소프트아이스크림 브랜드인 〈스위트럭(SWEETRUCK)〉을
숍인숍으로 운영해 매장 활용도를 높이면서, 고객들이 식사나 음주
후 가볍게 디저트까지 해결할 수 있게 한 점도 경쟁력 중 하나다.

석이네의 주요 메뉴는 돼지꿀불고기 · 오징어불고기(각 9000원),

낙지오징어불고기(1만2000원), 점심메뉴(7000~1만원), 통오징어튀김·오징어초무침(각 1만5000원)이며, 현재 서울시 성동구 왕십리로 24길 7-1에 본사가 자리하고 있다.

3) 밥앤불고기

지난 2014년 2월 론칭한 〈밥앤불고기〉는 한국식 직화불고기를 캐주얼하게 즐길 수 있는 모던 한식 레스토랑으로 불고기라는 익숙한 메뉴에 다양한 변화를 꾀해 주목받고 있는 브랜드다. 특히 유행에 민감한 프랜차이즈 시장에서 이미 대중성이 확보돼 있는 한식메뉴에 최신 트렌드를 접목, 롱런할 수 있다는 점이 예비창업자들의 이목을 집중시키고 있다.

2013년 2월 브랜드를 론칭한 〈밥앤불고기〉는 현재 매장수 10여개를 운영중이다. 대표메뉴로는 파불고기(1만 원), 밥앤불고기(6000원), 불고기비빔밥(6000원), 불고기파스타(8000원), 불고기샐러드(7000원)가 있으며, 매장 콘셉트는 캐주얼 직화불고기 전문점으로 입지전략은 주택가와 오피스 상권이다.

밥앤불고기에서는 테이크아웃 전용 메뉴인 불고기도시락을 비롯해 매장과 동일한 메뉴인 파불고기, 옛날불고기, 불고기샐러드 등을 포장판매하고 있다. 특히 이들 메뉴는 매장가격에 비해 30%이상 할인

된 가격으로 판매하고 있어 고객들에게 큰 호응을 얻고 있다.

거성FOOD는 가맹점의 부가수익을 극대화할 수 있는 방안을 고민하다 도시락을 포함한 테이크아웃 메뉴를 기획하였으며 고객들에게는 저렴한 가격에 동일한 메뉴를 집에서도 편하게 WMF길 수 있도록 하고 가맹점주들에게는 안정적인 매출을 이끌어내는데 큰 도움을 주고 있다.

캐주얼 직화불고기 전문점을 콘셉트로 내세운 〈밥앤불고기〉는 지난 2014년 2월 초안테나숍인 서울 길음점 오픈을 시작으로 불과 두 달 새 본점인 일산웨스턴돔점과 은평점을 잇달아 오픈하며 화제를 모으고 있다.

밥앤불고기는 신의주찹쌀순대를 운영하고 있는 거성푸드에서 선보인 신규브랜드 답게 본사의 안정적인 물류망과 전문화된 메뉴개발을 바탕으로 경쟁력을 극대화했다. 무엇보다 불맛을 살린 직화불고기를 베이스로 하되 흔히 볼 수 없는 불고기파스타, 불고기샐러드 등의 이색메뉴를 추가해 차별화한 점이 눈에 띈다. 메인메뉴뿐 아니라 밥과 찌개 등 식사메뉴에도 참신함을 더했다. 대표적인 예가 일반 백미 대신 강황밥을 제공하는 점, 청국장과 된장을 5:5로 배합 한 찌개, 유산균을 넣어 만든 깍두기 등으로 건강식에 대한 고객들의 니즈를 만족시킬만한 디테일 요소를 고루 갖춘 것이 특징이다. 여기에 푸짐한 양 대비 가격 문턱을 대폭 낮춘 것 또한 밥앤불고기의 장점 중 하나다.

밥앤불고기는 신규브랜드지만 기존 프랜차이즈 사업 노하우를 바탕으로 각종 시스템과 인프라가 잘 구축되어 있기 때문에 가맹점별 운영 효율화를 극대화할 수 있다. 특히 본사에서 정기적인 메뉴개발은 물론 육류와 소스, 반찬류까지 모두 다 자제물류로 저렴한 가격에 제공, 물류비용에 관한 가맹점주들의 부담을 대폭 줄인 것이 가장 큰 메리트다.

안정적인 물류시스템 외에도 기존의 한식당과는 다른 깔끔하고 세련된 카페형 인테리어도 밥앤불고기의 장점 중 하나다. 전체적인 컬러를 블랙&화이트로 모던하게 꾸미고 다양한 세대가 공존할 수 있도록 우드와 칠판 등을 활용 해 편안하면서도 추억이 느껴지는 복고풍요소를 가미, 아기자기한 느낌이 들도록 했다. 또한 불맛과 숯향이 살아있는 석쇠불고기를 지향하되 냄새가 나지 않는 고깃집을 만들기 위해 주방에서 완조리된 형태로 메뉴를 제공해 쾌적한 분위기를 완성시켰다.

4) 육미옥

수원의 〈육미옥〉은 달콤한 양념의 돼지갈비, 정통 평양냉면으로 15년간 꾸준히 사랑받고 있는 갈비전문점이다. 육미옥의 갈비, 평양냉면이 유명해진 데는 이곳의 점심특선인 '불고기정식'의 영향이 컸다.

육미옥의 불고기정식은 1인기준 1만 원의 가격에 한우불고기 180g, 쌈류, 6~7종류의 나물이 제공되는 산채비빔밥, 샐러드를 포함한 각종 찬류, 한우탕국, 튀김에 떡갈비까지 제공한다. 일반 점심식사로는 다소 부담스러울 수도 있는 가격이지만, 푸짐한 구성을 감안한다면 한정식 코스를 저렴하게 먹는 듯한 느낌을 준다. 메인요리인 불고기는 한우 목심 부위를 사용하며, 신선한 제철나물을 제공하는 산채비빔밥 역시 방짜유기에 나물과 밥을 분류해 제공하는 등 상차림의 품격을 살린 것도 특징이다.

육미옥에서 불고기정식을 점심특선으로 제공한 가장 큰 이유는 신규 고객 창출 때문이었다. 오픈 초기 일반 여타 고깃집처럼 육개장, 갈비탕 등 간단한 탕반 위주의 점심메뉴를 구성했던 육미옥은 이후 주요 점심 고객이었던 인근 기업의 직장인 고객들이 사옥이전 등의 이유로 대거 떠나면서 고전하기 시작했다.

타깃 고객층의 전환이 필요한 시점에서 육미옥의 대표는 자투리 고기로 할 수 있는 메뉴를 구상하다가 양념 등의 노하우가 있는 만큼 불고기 정식이라는 메뉴를 개발했다. 푸짐하면서도 다양한 메뉴 구성은 신규 타깃인 여성 고객을 매장으로 유인할 수 있었고, 자연스레 점심특선의 인기와 매장에 대한 신뢰는 저녁 모객으로까지 이어질 수 있었다.

점심식사로 1만 원의 가격은 고객으로 하여금 구성에 따라 '비싸지 않다' 라고 느낄 수 있는 심리적인 마지노선이며 꼼꼼한 여성 및 주부고객을 대상으로 '싸고 맛있다' 는 느낌을 줄 수 있는 상차림 구성에 신경을 썼다. 불고기정식은 점심과 저녁을 포함해 전체 매출에 25%를 상위할 정도로 많은 비중을 차지하고는 있지만, 해당 제품의 코스트는 70%에 육박한다. 하지만 입소문에 큰 도움이 되는 여성고격을 유인할 수 있는 미끼상품이라는 점, 두 매장의 이미지를 상승시키고 고객 신뢰를 얻을 수 있다는 점 등을 장점으로 판단, 그 기여도를 높게 평가하고 있다. 코스트가 매우 높은 편이지만 매장 홍보비용으로 생각하고 점심특선메뉴로 유지하고 있다. 계절에 따라 코스트가 달라지는 만큼 식재료 대량구매, 산지 직거래 등을 통해 원가부담을 낮추기 위해 노력하고 있다.

5) 불고기 브라더스

〈불고기 브라더스〉는 한식의 세계화를 앞당기기 위해 복잡한 조리 과정의 표준화, 세계인에 기호에 맞는 한식의 개발 및 연구, 식자재, 인테리어, 라이프 스타일에 맞는 음식관련 서비스를 개발하여 해외진출을 뒷받침할 수 있는 발전기반을 마련한다는 점에서 한식업체의 발전을 이끌어갈 수 있는 기업이라고 판단하고 있다.

국내 소비자들에게 익숙한 동시에 외국인들에게도 한국의 대표음식으로 내세울 수 있는 불고기를 좋은 품질의 고기를 넉넉하게 제공한다는 것을 기본 콘셉트로 한국식으로 구워 먹는 소고기 메뉴를 서양식 레스토랑 업태와 융합시키는 기존 패밀리 레스토랑의 표준화된 시스템을 한식에 최초로 도입한 한식 레스토랑이다.

패밀리 레스토랑을 20년간 운영하면서 쌓은 경험과 노하우를 바탕으로 한국식 불고기 레스토랑을 직영체제로 전국에 10년 내에 100호점을 운영하고자 계획하고 있으며 〈불고기 브라더스〉 브랜드의 로열티를 받고 해외진출에 나섰다.

2006년 4월 13일 (주)이티엔제우스를 설립하여 2006년 10월 23일 1호점인 강남점을 오픈한 이후 명동점, 사당점, 일산점, 2007년 4월 목동점, 5월 염창점, 7월 서교점까지 총 7개로 확장된 후 점포수는 계속 늘어나고 있다. 현재 거의 모든 점포가 월 10%의 매출 성장률을 보이고 있다.

한식 Family Restaurant도 외국계 Family Restaurant에 못지않은 경쟁력을 갖고 있다는 점을 어필하기 위해 빠르게 점포확장을 하고 있으며 현재 해외에 점포를 내어 사업을 확장해 나아가고 있다.

불고기 브라더스는 기존 고깃집보다 고급화된 이미지이지만 가격면에서도 경쟁력을 가지고 있다. 대표적인 메뉴인 눈꽃등심 1인분 200g이 2만6,900원, 120~150g 1인분에 4만~5만 원 하는 다른 집과 비교한다면 거의 절반 수준이다. 객단가의 기준으로 살펴보면 점심 메뉴의 경우 1만원 안팎, 저녁 메뉴의 경우 평균적으로 2만5천원 안팎이다. 한우메뉴, 호주산 메뉴, 돼지메뉴로 이루어지는 다양한 가격대의 메뉴가 제공된다.

메뉴의 경우도 또한 일품요리, 구이, 식사, 웰빙 세트, 저녁세트, 와인, 전통주로 고객의 나이 및 기호에 보다 맞는 메뉴를 카테고리화하여 고객의 만족을 얻고 있다. 다양한 와인과 다양한 전통주를 제공하여 경쟁업체와의 차별화를 시도하였고, 더불어 부시맨 브레드 빵 서비스로 선두업체에 올라선 아웃백 스테이크 하우스를 본떠서 고구마, 옥수수, 감자 등의 에피타이저를 제공하고, 고깃집으로는 독특하게 홍시, 유자, 복분자, 딸기 등으로 만든 다양한 에이드 음료를 구비하여 제공하고 있다. 양념 불고기 메뉴의 경우 광양식, 언양식, 서울식의 조리법으로 다양한 메뉴를 제공하고 있다. 또한 불고기 브라더스의 이름에 걸맞게 냉면 브라더스(물, 비빔냉면), 찌개 브라더스(육수 김치찌개, 해물 된장찌개, 생콩찌개 중 두개 선택), 커피 브라더스, 그 외에도 양념장 역시도 두개씩 짝지어서 제공하고 있다.

음식뿐만 아니라 불고기 브라더스는 테이블당 약 800만 원을 투자하여 하향식 배기 시스템을 갖추어 온몸에 배일 냄새 걱정 때문에 고기 먹기를 망설이는 고객들에게 차별화된 경쟁우위를 제공하고 있다. 특수 통풍 시스템이 연기와 냄새를 빨아들여 매장 바닥 아래에 설치된 배관 시설을 통해 밖으로 내보낸다. 이 때문에 일반 고깃집처럼 천장에서 내려오는 환풍구도 없어 고객들에게 앞사람과 얼굴을 마주보며 식사할 수 있는 편익을 제공한다.

부록

창업 및 업종 전환, 신규사업 가이드

〈표 1〉 외식산업의 구성요소

외식산업의 구성요소				
가격	식음료	인적서비스	물적서비스	편리성

〈표 2〉 외식기업 경영형태의 장·단점

방법 / 구분	초기투자	경험도	사업운영 책임도	실패율	재정 위험도	보상
직영	높다	높다	높다	높다	높다	높다
가맹	보통 이하	최저	보통	보통	보통	보통 이상
인수	보통	높다	높다	높다	높다	높다
위탁	없음	보통 이상	보통	보통	보통	보통 이하

⟨표 3⟩ 업종별 분류

외식산업	음식중심	일반음식점	일반음식점	한식점
				일식점
				양식점
				중식점
				기타
			특수음식점	열차식당
				항공기내식당 기내사업
				선박 내 식당
			숙박시설 내 음식점	호텔 내 식당
				리조트,콘도,여관 내 식당(1970년 이전)
		단체음식	학교	초,중,고,대학
			기업	구내식당
			군대방위시설	군대
				전투경찰
				경찰
				교도소
			병원	구내식당
			사회복지시설	연수원
				양로원
				고아원
	음료중심		찻집,술집	커피전문점
				호프집
				술집(대중유흥업소)
			요정,바	요정
				바
				카바레
				나이트클럽, club

〈표 4〉 한식의 유형별 종류

품목	세부종목	품목	세부종목
해물류	조개찜 조개구이 게찜 바닷가재찜 낙지볶음 굴회 오징어볶음	전류	파전 빈대떡 모듬전 오코노미야키
생선류	갈치구이 코다리찜 광어회 장어구이 장어직화 장어양념구이	국물류	된장찌개 부대찌개 청국장 순두부 북어국
육류-쇠고기	쇠고기등심 쇠고기갈비 쇠고기 불고기 쇠고기 샤브샤브	디저트류-빵	샌드위치 초콜릿 케이크 와플 바게트
육류-돼지고기	돼지고기 삼겹살 돼지갈비 돼지등갈비	디저트류-음료	생과일주스 아이스크림 빙수 생과일 요거트 스무디
육류-닭고기	닭튀김 삼계탕 닭강정 닭갈비	디저트류-커피	커피 북카페 애견카페 키즈카페
육류-족발	족발 냉족발 오븐구이족발 쌈족발	출장음식	도시락 제사음식 홈파티
면류	자장면 짬뽕 냉면 잔치국수 메밀	주류	소주 맥주 생맥주 와인 막걸리
탕류	갈비탕 샤브샤브 설렁탕 삼계탕 매운탕	분식류	순대류 튀김 떡볶이 우동 김밥
한식	비빔밥 쌈밥 영양밥 김밥 죽	뷔페류	패밀리뷔페 해산물뷔페 고기뷔페 샐러드뷔페 디저트뷔페 채식뷔페

〈표 5〉 외식업계 업종별 트렌드 핵심 (키워드)

창업할 수 있는 외식 종목들 간 콜라보레이션(모둠+조합) 메뉴

업종	키워드	상세 키워드
한식	건강한 삶과 간편식 시장확대	4S(safety, show, self, single), 건강, 간편식, 유기농, No MSG, 오픈키친, HMR
패밀리 레스토랑	감성을 추구하는 융복합화	콜라보레이션, 감성, 시장 다각화, 초니치 마켓
치킨	카페형 매장과 스포츠 마케팅	가치소비, 힐링, 프리미엄, 싱글족, 치맥 스포츠 마케팅, 간편식, 안전, 차별화, SNS
주점	복고와 엔도르핀 디쉬	복고, 감성, 소형화, 차별화, SNS 콜라보레이션, 인테리어, 합리적 가격
커피	고급 원두와 부티크 매장	웰빙, 건강한 재료, 소형화, 전문화, 차별화, 콜라보레이션, 고급화, 부티크, 복고, 인테리어, 사회공헌, 해외진출
피자	웰빙과 프리미엄의 합리적 소비	웰빙, 고급화, 합리적 가격, 안전·안심, 스포츠마케팅, 복고·향수, 엔도르핀 디쉬, 콜라보레이션, 소형화, 건강한 재료, 싱글족
이탈리안 레스토랑	착한 소비와 건강한 식생활	착한 소비, 오가닉, 건강, 와인
분식	합리적인 가격과 콜라보레이션	콜라보레이션, 소형화, 프리미엄, 합리적 가격, 소량화, 간편식, 싱글족
패스트푸드	안전하고 합리적인 가격	합리적 가격, 간편식, 싱글족, 안심·안전
디저트	매스티지족의 진정성	콜라보레이션, 건강한 재료, 진정성, 유기농, 프리미엄, 인테리어, 독창성

〈표 6〉 소비자 유형별 기호와 변화

소비자 진화 양상 단계 ▼	새로운 소비자 집단 ▼
마담슈머(Madame + Consumer) 구매 결정권을 가진 주부들의 시각에서 제품 평가	**바이슈머(Buy + Consumer)** 해외에서 판매되는 물품을 직접 구입하는 소비자 (직구족)
⇩ **트라이슈머(Try + Consumer)** 기존 정보에 의존하지 않고 제품을 직접 써본 뒤 평가	**모디슈머(Modify + Consumer)** 제조업체에서 제시하는 방식이 아닌 자신만의 방법으로 재창조 해내는 소비자
⇩ **크리슈머(Creative + Consumer)** 신제품 개발이나 디자인, 서비스 등의 문제에 적극 개입해 의견을 제시	**스토리슈머(Story + Consumer)** 기업에 제품과 관련된 자신의 이야기를 적극적으로 알리는 소비자
⇩ **프로슈머(Producer + Consumer)** 제품의 생산단계에 직접 관여하거나 소비자가 생산까지 담당	**쇼루밍족(Showrooming)** 오프라인 매장에서 제품을 보고 온라인을 통해 저렴하게 구매하는 소비자(실속 중시) VS
⇩ **가이드슈머(Guide + Consumer)** 기업의 생산현장을 검증하고 잘못된 점은 지적, 잘한 점은 홍보	**역쇼루밍족(Reverse Showrooming)** 온라인에서 검색을 통해 제품을 결정한 뒤 오프라인에서 구매하는 소비자

〈표 7〉 외식 브랜드의 구성 요소

브랜드 아이덴티티	브랜드 네임, 브랜드 로고, 브랜드 컬러, 브랜드 캐릭터, 브랜드 슬로건
메뉴	메뉴 구성, 원재료 선택, 조리 방식, 메뉴명, 프리젠테이션, 식기 선택, 메뉴 제공 방식
서비스	서비스 정도, 서비스 방식, 서비스 특성
분위기	SI(Store Identity), 음악(music), 조명(lighting), 유니폼(uniform), 사인(signage)
입지	지역, 입점 형태(free standing/building-in)
가격	가격, 좌석회전율, 식재료비, 인력 및 인건비, 임대료 수준, 할인정책

〈표 8〉 브랜드 아이덴티티의 도출

기능적 속성	맛의 동질성, 볼의 차별성, 메뉴의 다양성, 양의 풍부함, 시간 절약, 이벤트의 독창성, 접근 편의성, 인테리어의 간결성, 가격대비 맛과 양, 가격의 합리성		
이성적 혜택	통일성, 신속성, 다양성, 합리성, 편리성, 독창성, 전문성		
감성적 혜택	신선함, 생동감, 젊음	친근함, 즐거움, 정겨움	편안함, 재미있음
성격	▼ 독특함	▼ 공유성	▼ 편안함
브랜드 아이덴티티	⇩ 스파게티로 특화된 캐주얼 레스토랑		

⟨표 9⟩ 브랜드 콘셉트 키워드의 개발

키워드	내용
다양성	메뉴와 이벤트의 다양성
통일성	각 매장 간 메뉴의 맛, 인테리어의 동질성
합리성	가격대비 맛과 양, 서비스의 만족감
신속성	시간 절약
전문성	네이밍에서의 전문성, 메뉴의 전문성
편리성	접근과 이용, 서비스의 편리성
신선함	음식의 신선함, 신선한 식자재, 이벤트와 제공 방식(홀서비스)의 새로움
생동감	동적이고 활발한 분위기, 생동감 있는 인테리어
젊음	매장 분위기, 주된 색상, 방문하는 고객과 직원의 젊음
친근함	고급스럽지 않고 대중적이며 부담스럽지 않은 친근함
즐거움	밝고 화사한 인테리어와 가격대비 맛과 양이 좋은 것에서 오는 즐거움
정겨움	오픈된 주방이나 인테리어, 함께 나눠먹는 정겨움
편안함	인테리어의 편안함, 위치의 편안함, 서비스나 가격 등의 심리적 편안함
재미	이벤트의 재미, 메뉴를 고르는 재미, 홀서비스의 재미
독특함	홀서비스의 독특함, 패밀리레스토랑과는 다른 분위기와 서비스
공유성	음식을 나눔으로서 얻게 되는 정서의 공유

〈표 10〉 콘셉트 도출 사례

고객 이미지	개성을 추구하는 여대생 (20대 여성)	해외여행 경험이 있는 젊은 세대	신세대 직장인	자유 직업가와 보보스족	아침 일찍 출근하는 직장인
고객 이익	자신만의 공간, 자유롭게 대화	해외에서 경험한 커피 맛	친구와 여유로운 대화, 독특하고 맛있는 장소	다양한 커피 선택, 노트북 PC이용	간단한 빵과 커피
입지 이미지	이대 앞, 대학로, 프레스센터, 명동역, 강남역, 삼성역, 코엑스, 역삼역, 광화문				
고객 서비스	창가 쪽 1인 좌석, 자유공간, 바리스타, 테이크아웃 서비스, 고객 맞춤 커피, 무선 랜 서비스, 포인트제도, 페이스트리				
고객 시나리오	창가에서 음악을 들으며 혼자 책을 본다, 커피향이 나는 포근한 소파에서 친구와 부담 없이 대화한다. 여자 친구와 극장에 가기 전에 만나서 영화 이야기를 하며 즐긴다, 직장 동료와 점심 식사 후 커피를 테이크아웃하여 마신다. 여기저기 뛰어다니다 자투리 시간에 무선 랜을 이용하여 업무를 한다, 일찍 출근하여 회사 근처에서 여유로운 아침을 시작한다.				
목표 콘셉트	세계 최고의 커피를 주문하여 직접 에스프레소 방식으로 즐길 수 있는 커피숍, 혼자 있을 때는 편안하게, 친구와 같이 있을 때는 즐겁게 대화할 수 있는 커피숍, 고객의 오감을 만족시켜주는 문화가 있는 커피숍				

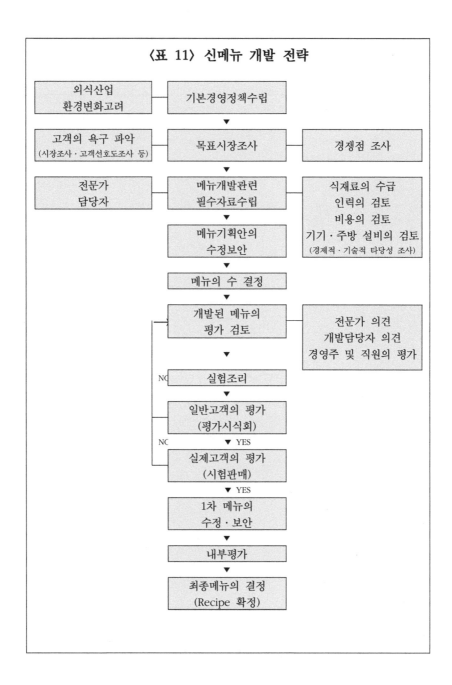

〈표 11〉 신메뉴 개발 전략

| 외식산업 환경변화고려 | → | 기본경영정책수립 |

목표시장조사 / 고객의 욕구 파악 (시장조사·고객선호도조사 등) / 경쟁점 조사

전문가 담당자 / 메뉴개발관련 필수자료수립 / 식재료의 수급 인력의 검토 비용의 검토 기기·주방 설비의 검토 (경제적·기술적 타당성 조사)

메뉴기획안의 수정보안

메뉴의 수 결정

개발된 메뉴의 평가 검토 / 전문가 의견 개발담당자 의견 경영주 및 직원의 평가

NO 실험조리

일반고객의 평가 (평가시식회)

NO ▼ YES 실제고객의 평가 (시험판매)

▼ YES 1차 메뉴의 수정·보안

내부평가

최종메뉴의 결정 (Recipe 확정)

〈표 12〉 메뉴의 적합성 평가

주요항목 및 평가요소	세부검토사항	
소비기호 (연령별, 직업별)	• 타깃연령대가 좋아하는 음식인가? • 음식이 깔끔하고 정갈한가? • 타깃연령대의 수준에 적합한가? • 계절 메뉴나 계절 식재료를 사용할 수 있는가? • 건강식, 다이어트식, 기능식인가? • 맛 유지와 양은 적절한가? • 메뉴가격대는 어떤가? • 어린이용 메뉴구비와 디저트는 준비되어 있는가? • 가족고객이 좋아하는가? • 단순식사로 적합한가? • 메뉴북은 깨끗하고 설명이 충분한가? • 행사메뉴(모임, 회식, 기타)로 적합한 메뉴인가?	
점포, 입지, 시장	• 주변 시장의 가격대는? • 접근성(편리성)은? • 시장성(시장수요)은? • 적합한 건물인가? • 경쟁상태는? • 성장 가능한 입지인가? • 유동인구는 얼마나 되는가? • 주차시설은 되어 있는가?	• 혐오시설은 없는가? • 홍보성(가시성)은? • 적합한 입지인가? • 점포규모는? • 상권내의 외식 성향은? • 집객 시설이 있는가? • 유동차량은 얼마나 되는가?
경영효율 (경영관리 계수관리)	• 매출이익은? • 객단가는? • 메뉴관리는 용이한가? • 점포관리는? • 구매의 난이도는?	• 회전율은? • 원가(재료비,인건비,제경비)는? • 서비스의난이도는? • 경영주의 메뉴 이해도는? • 직원 채용은?
식사형태	• 조식 • 중식 • 간식 • 석식 • 미드나이트	
판매방식	• 내점(Eat in) • 배달 • 포장판매 • 복합판매 가능성은?	

〈표 13〉 외식 브랜드 주기별 커뮤니케이션 전략

도입기 (사업홍보)	• 모델샵의 영업 활성화에 총력 • 언론에 기사화 • 브랜드 인지도 제고를 통해 계약 유도 • 체험마케팅을 통한 점포 이용유도 • 예비창업자 홍보
성장기 (성공모델의 정착)	• 기획 사업설명회 개최(명강사 초청 등) • 도입기보다는 광고 홍보 효력감소 • 성공사례 만들기 • 성공사례를 바탕으로 한 현장 확인계약 실적 기대 • 경쟁업체 진입 시 탄력적으로 시장 전략 전개
성숙기 (브랜드지명도 확대)	• 성공사례를 중심으로 한 계약 실적 증가 • 브랜드 정체성 관리 강화(표준화, 전문화, 단순화) • 유지광고/홍보시행 • 브랜드 이미지 관리 • 메뉴개발 및 보완
쇠퇴기 (현상유지/ 신규사업)	• 계약실적 쇠퇴 • 브랜드파워 유지 • 고객욕구 분석을 기초로 한 사업 컨셉 조정 • 재정비 및 제2브랜드 런칭 • R&D 성장전략

〈표 14〉 라이프 사이클에 따른 단계별 관리전략

구분	도입기	성장기	성숙기	쇠퇴기
소비자	소비 준비	소비 시작	소비 절정	소비 위축
경쟁업소	미약	증대	극대	감소
창업시기	창업 준비	창업 시작	차별화	업종변경
매출	조금씩 증가	최고로 성장	평행선	하락
제품 (메뉴)	지명도 낮다	지명도 급상승 및 모방 시작	지명도 최고 제품의 다양화	신 메뉴로 대체시기
유통 (판매)	저항이 높고 점두판매위주	저항 약화되고 주문이 쇄도	주문감소 가격파괴현상	가격파괴절정 생존경쟁으로 재정비
촉진	광고 및 PR 활동성행	상표를 강조하고 경쟁적	캠페인활동 성행 및 제품의 차별성 강조	수요는 판촉에 비해 효과가 미흡
가격	높은 수준	가격인하 정책실시	가격최저로 가격에 민감	재정비에 따른 가격 인상정책
커뮤니케이션	체험마케팅을 통한 이용유도	성공사례를 바탕으로 현장실적기대	유지강화 브랜드 정체성 관리강화, 성공사례를 중심으로 계약실적증가	계약실적 쇠퇴, 신규사업진출 모색, 고객욕구분석으로 사업 컨셉 조정
진행기간	1년차	2년차	3년차	4년차

〈표 15〉 외식산업의 소득 수준별 발전

구분	GNP($)	성장과정	주요업체등장
1960년대	100 ~200	식생활의 궁핍 및 침체기(6·25전쟁 후), 밀가루 위주의 식생활 유입(미국 원조품), 분식의 확산 및 식생활 개선 문제 부상	뉴욕제과(67), 개업업소 및 노상 잡상인 대량 출현
1970년대	248 ~ 1,644	영세성 요식업의 우후죽순 출현, 경제 개발 계획에 따른 식생활 향상, 해외브랜드 도입 및 프랜차이즈 태동, 국내프랜차이즈 시작 : 난다랑(79.7), 서구식 외식업 시작 : 롯데리아(79.10)	가나안제과(76) 난다랑(79) 롯데리아(79)
1980년대 초반	1,592 ~ 2,158	외식 산업의 태동기(요식업→외식산업), 영세 난립형 체인점 출현(햄버거, 국수, 치킨 등), 해외 유명브랜드 진출 가속화	아메리카(80) 윈첼(82) 짱구짱구(82) 웬디스(84) KFC(84) 장터국수(84) 신라명과(84) 등
1980년대 후반	2,194 ~ 4,127	외식산업의 적응 성장기(중소기업, 영세업체난립), 식생활의 외식화·레저화·가공식품화 추세, 패스트푸드 및 프랜차이즈 중심 시장 선도, 패밀리 레스토랑·커피숍·호프점·베이커리·양념치킨 등 약진	맥도날드(86) 피자인(88) 코코스(88) 도투루(89) 나이스데이(89) 만리장성(86)
1990년대 초반	5,569 ~ 10,000	외국산업의 전환기(95년 산업으로서 정착), 중·대기업의 신규진출 러시 및 유명브랜드 도입, 프랜차이즈 급성장 및 도태, 시스템 출현(외식근대화)	나이스데이 씨즐러 스카이락 TGIF 등 아웃백, 빕스, 베니건스, 애슐리, 마르쉐 등

구분	GNP($)	성장과정	주요업체등장
1990년대 후반	6,500 ~ 9,800	IMF로 경기침체, 전체적인 침체, 불황 중 실직자들의 생계수단과 고용 창출 효과, 침체기에도 꾸준한 성장을 이룸, 다양한 형태의 소비패턴에 따른 점포의 변화	서울 경기지역 외식기업 포화 상태로 지방음식의 체인화와 수도권 중심의 패밀리 레스토랑의 지방 진출과 발전
2000년대 초반	10,000- 15,000	웰빙 문화로 인한 패스트푸드의 변화, 광우병파동으로 일부 산업 심각한 타격, 조류독감으로 치킨업계 일시적인 위기, 꾸준한 발전으로 전체 국민 노동력의 50%이상 고용 창출한 거대산업으로 발전	프랜차이즈 포화, 국내 브랜드 등장
2000년대 후반	15,000- 21,500	국내브랜드 프랜차이즈 대거 등장 및 대기업·식품업계의 외식산업 진출, 대기업 3세들의 외식산업진출(신세계:스타벅스로부터시작-투썸플레이스 등)	(할리스, 카페베네 등)
2010년대 초반	21,500 ~ 25,000	경기침체와 세월호 사건으로 인한 외식위주의 식단이 집으로 이동, 정부규제에 의한 외식분야와 식품분야의 위축	대기업 진출에 대한 정부규제, 상생과 공생의 기업 논리
2010년대 후반	25,000 ~ 30,000	대기업 외식산업이 상생과 공생을 내세운 중소기업 외식 정책으로 변화, 대기업의 외식산업 진출 금지, 외식문화의 침체기와 과다 경쟁	CS를 통한 기업 이익과 고객만족 공존

〈표 16〉 한국의 외식산업 발전과정

연대	발전내용	주요업체
1960년대 이전	• 전통 음식점 중심의 음식업 태동기 • 식생활 및 식습관의 가내 주도형 • 식량지원 부족(생존단계)	• 이문설렁탕(1907) • 용금옥(1930) • 한일관(1934) • 조선옥(1937) • 안동장(1940) • 고려당(1945) • 남포면옥(1948)
1960년대	• 6·25전쟁 후 식생활 궁핍 및 음식업 침체기 • 혼분식 확산(미국원조 밀가루 위주의 식생활)	• 삼양라면 최초 시판(1963) • 비어홀(1964) • 코카콜라(1966) • 뉴욕제과 신세계 본점 프랜차이즈 1호점(1968)
1970년대	• 해외브랜드 도입기 • 프랜차이즈 태동기 • 대중음식점 출현	• 난다랑(1979) 국내 프랜차이즈 1호 • 롯데리아(1979) 서구식 외식 시스템 시발점
1980년대	• 외식산업 전환기 • 해외브랜드 진출 가속화 • 국내 자생브랜드 난립 • 부산 아시안 게임(1986) • 서울 올림픽(1988)	• 아메리카나(1980) • 서울 프라자 호텔이 여의도 전경련 빌딩, 프라자(한식당), 도원(중식당), 연회장 운영(1980) • 윈첼도우넛, 버거킹(1982) • 서울 프라자호텔 열차식당 운영(1983) • 웬디스, 피자헛, KFC(1984) • 맥도널드(1986) • 피자인, 코코스, 크라운베이커리, 나이스데이, 놀부보쌈(1988)

연대	발전내용	주요업체
1990년대	• 외식산업 성장기 • 대기업 외식산업 진출 • 패밀리레스토랑 진출 • 전문점 태동	• TGIF 판다로시(1992) • 시즐러(1993) • 데니스, 스카이락, 케니로저스 (1994) • 토니로마스, 베니건스, 블루노트, BBQ(1995) • 마르쉐(1996) • 칠리스, 우노, 아웃백스테이크하우스(1997)
2000년대	• 외식산업의 전성기 • 식품업계의 외식산업 진출 • 대기업의 외식산업 점령 • 골목상권 장악 • 자금력에 의한 규모화	• 커피(음료)전문점의 강세, 포화 • 해외진출사례 (할리스 토종브랜드)
2010년	정부의 규제와 경기침체로 인한 외식산업 침체기, 외식업의 다양화를 통한 커피전문점의 활성화를 꽤하고 있으나 국내포화로 인한 도산위기, 해외진출의 판로가 절실	• 첫손님가게(2013년2월) -기부문화의 정착 • 공생과 상생의 기로 • 대기업의 골목상권진출 금지 등
2020년	• 프랜차이즈를 중심으로 한 한류 K-Food 확산 • 해외 진출 본격화 • 맛, 웰빙, 디테일이 주도 • 성장 정체	• 놀부 NBG • 치킨 브랜드 • CJ 푸드빌 해외 100호점(2012) • 파리바게트(2015년 해외 200호점 개설)

〈표 17〉 국내 프랜차이즈 산업의 변천사

시대별	구분	주요 브랜드 및 이슈
1970년대	**태동기** • 프랜차이즈 산업모델 국내 첫선 • 기업형 프랜차이즈 탄생	• 1977년 림스치킨 • 1979년 7월 국내 프랜차이즈 1호점 난다랑(동숭동) • 1979년 10월 롯데리아 소공동
1980년대	**도입 및 성장기** • 패스트푸드 도입에 따라 대기업 외식업진출 • 해외 패스트푸드 프랜차이즈 국내 진출 • 한식 프랜차이즈시작 (놀부보쌈/송가네왕족발/감미옥 등) • 88서울 올림픽 개최	• 1982년 페리카나 • 1983년 장터국수 • 1984년 KFC/버거킹/웬디스 • 1985년 피자헛/피자인/베스킨라빈스 • 1986년 파리바게트 • 1987년 투다리 • 1988년 코코스 • 1989년 도미노피자/놀부/멕시카나
1990년대	**성숙기** • 국내 프랜차이즈 기반 구축 • 국내 최초 패밀리 레스토랑 개념 도입 • 1988년 외환위기 • 1989년 (사)한국 프랜차이즈산업협회 설립	• 1990년 미스터피자 • 1991년 원할머니보쌈/교촌치킨 • 1992년 맥도날드/TGIF 사업개시 • 1993년 한솥도시락/미다래/파파이스 • 1994년 데니스/던킨도너츠 • 1995년 베니건스/토니로마스/씨즐러/BBQ • 1996년 김가네/마르쉐/쇼부 • 1997년 빕스/아웃백스테이크/칠리스/우노 • 1998년 쪼끼쪼끼/스타벅스/코바코 • 1999년 BBQ 국내 최초 가맹점 1000호점 달성 • 1999년 (사)한국프랜차이즈협회 설립인가

시대별	구분	주요 브랜드 및 이슈
2000년대	**해외진출 초창기 일부 업종 포화기** • 국내 외식브랜드 중국, 일본 등 해외진출 가속화 2002년 한일 월드컵 개최 • 치킨프랜차이즈 붐업	• 2000년 미소야, 투다리 중국 청도 진출 • 2001년 퀴즈노스/매드포갈릭/사보텐/ 파스쿠찌 • 2002년 파파존스/본죽, 분쟁조정협의회 설치 • 2003년 프레쉬니스버그/명인만두/ 피쉬앤그릴/BBQ 중국 진출 • 2004년 크리스피크림도넛 • 2005년 뚜레쥬르 중국 진출 • 2006년 토다이, 놀부 일본 진출 • 2007년 BBQ 싱가포르 진출
2010년대	**저성장기 해외진출 가속화** • 식재료 수급 불안정 • 해외진출 가속화 • 외식업관련 법과 제도 정비 • 중소기업 적합업종 선정 • 대기업 빵집 사업 철수 • 공정위 모범거래기준안 발표 • 가맹사업법 추진 • 음식점 금연구역 전면시행(2015) • 디저트 업종 활성화 • 일본, 유럽 등 해외디저트브랜드 도입 활발 • 소프트아이스크림, 팥빙수, 츄러스 등 브랜드 활성화	• 2010년 채선당 인도네시아 진출 • 2012년 파리바게뜨 중국 100호점, CJ푸드빌 해외 100호점 • 2011년 놀부 NBG, 美 모건스탠리PE에 지분 매각, 제스터스, 잠바주스, 망고식스 • 2012년 베코와플, 투뿔등심, 와플트리, 모스버거 • 2013년 바르다김선생, 고봉민김밥, 설빙, 깐부치킨, 이옥녀팥집, 족발중심, 미스터시래기, 고디바, 소프트리 • 2014년 자연별곡, 올반, 계절밥상 등 한식뷔페 • 2015년 11월 미스터 피자 중국 100호점 출점 • 2015년 12월 파리바게트 해외 200호점

〈표 18〉 시대별 외식브랜드(메뉴)콘셉트의 변화추이

메뉴	시대	외식 브랜드
햄버거	1980~1985	롯데리아, 아메리카나, 빅웨이
면류	1986~1988	장터국수, 다림방, 다전국수, 민속마당, 국시리아, 참새방앗간
양념치킨	1988~1990	페리카나, 처갓집, 림스치킨
보쌈	1990~1992	놀부보쌈, 촌집보쌈, 할매보쌈
우동		언가, 천수, 나오미, 기소야
신개념퓨전 레스토랑		(피자, 햄버거, 아이스크림, 통닭 등 모두 판매) 굿후렌드, 코넬리아, 아톰플라자, 해피타임
쇠고기뷔페	1992~1993	엉클리 외
커피		쟈뎅, 미스터커피, 왈츠, 브레머
피자	1993~1994	시카고피자, 피자헛, 도미노피자
피자뷔페	1994~1996	베네벤토, 아마또, 오케이, 베니토, 카이노스
탕수육		탕수 탕수 외
김밥		종로김밥, 김가네김밥, 압구정김밥
조개구이	1996~1997	조개굽는 마을, 미스조개 열받네, 바다이야기, 조개부인 바람났네
칼국수		봉창이해물칼국수, 유가네칼국수, 우리밀칼국수
북한음식		모란각, 통일의 집, 고향랭면, 발용각, 진달래각
요리주점	1997~1999	투다리, 칸, 천하일품, 대길, 기린비어페스타

메뉴	시대	외식 브랜드
찜닭	1999~2001	봉추찜닭, 고수찜닭, 계백찜닭
참치		참치명가, 동신참치, 동원참치
에스프레소 커피		할리스, 커피빈, 프라우스타, 이디야
돈가스		라꾸라꾸, 하루야, 패밀리언
생맥주		쪼끼쪼끼, 해피리아, 블랙쪼끼, 비어캐빈
아이스크림	2001~2003	레드망고, 아이스베리
회전초밥		스시히로바, 사까나야, 기요스시
하우스맥주		오키스브로이하우스, 플래티늄, 도이치브로이하우스
불닭	2004~2005	홍초불닭, 화계, 땡초불닭
퓨전 오므라이스		오므토토마토, 오므라이스테이, 오므스위트, 에그몽
중저가 샤브샤브		정성본, 채선당, 어바웃샤브
베트남 쌀국수		호아빈, 포베이, 포메인, 포타이

메뉴	시대	외식 브랜드
해물떡찜	2006~2007	해물떡찜0410, 크레이지페퍼, 홍가네해물떡찜
정육형 고깃집	2006~2007	다하누촌, 산외한우마을
저가 쇠고기		아지매, 우스, 꽁돈, 우쌈, 우마루, 행복한 우담
국수	2008~2009	(비빔국수, 잔치국수)망향비빔국수, 명동할머니국수, 산두리비빔국수, 닐니리맘보
일본라멘		하코야, 멘쿠샤, 라멘만땅, 이찌멘
카페	2008~2013	스타벅스, 카페베네, 파리바게뜨
떡볶이	2011~2012	아딸, 죠스, 국대, 동대문엽기떡볶이
샐러드, 집밥	2013~2014	샐러드뷔페, 계절밥상, 자연별곡
디저트카페	2015~2017	몽슈슈, 초코렛바, 빙수 등 디저트

〈표 19〉 업종별 음식점업 현황(2015년 기준)

분류		업체수		종사자수	
		(개)	%	(명)	%
음식점업	한식점업	299,477	65.1	841,125	59.9
	한식점 제외한 총합	159,775	34.9	562,513	40.1
	중국 음식점업	21,503	4.7	76,608	5.5
	일본 음식점업	7,466	1.6	33,400	2.4
	서양 음식점업	9,954	2.2	67,279	4.8
	기타 외국식 음식점업	1,588	0.3	8,268	0.6
	기관 구내 식당업	7,830	1.7	48,000	3.4
	출장 및 이동 음식업	511	0.1	2,620	0.2
	기타 음식점업	110,923	24.2	326,338	23.2
	소계	459,252	100.0	1,403,638	100.0
주점 및 비알콜 음료점업		176,488		420,576	
음식점업(합계)		635,740		1,824,214	

〈표 20〉 사업장 면적규모별 음식점 분포도(2015년 기준)

사업장 면적규모		음식점수(개)	(%)
30㎡ 미만	(9.3평)	75,977	12.0
30㎡~50㎡	(9.3평~15.4평)	131,003	20.6
50㎡~100㎡	(15.4평~30.9평)	271,277	42.7
100㎡~300㎡	(30.9평~92.6평)	135,299	21.3
300㎡~1,000㎡	(92.6평~302.5평)	19,856	3.1
1,000㎡~3,000㎡	(302.5평~907.5평)	2,057	0.3
3,000㎡	(907.5평)	271	0.1
합 계		635,740	100.0

〈표 21〉 종사자 규모별 음식점(주점업포함)

(2015년 기준)

종사자규모	음식점수(개)	(%)	종사자수(명)	(%)
1~4명	559,338	88.0	1,170,619	64.2
5~9명	61,176	9.6	375,014	20.6
10~19명	11,685	1.8	147,249	8.0
20명 이상	3,541	0.6	131,332	7.2
합계	635,740	100.0	1,824,214	100.0

〈표 22〉 년 매출규모별 음식점 및 종사원 분포도

(2015년 기준)

매출규모	음식점수(개)	(%)	종사원수(명)	(%)
50 만원 미만	156,598	34.1	282,449	20.2
50~100만원	150,523	32.8	347,310	24.7
100~500만원	132,474	28.8	503,483	365.9
500~1000만원	15,862	3.4	152,236	10.8
1000만원 이상	4,294	0.9	118,160	8.4
합계	459,252	100.0	1,403,638	100.0

〈표 23〉 음식점업 시도별 현황(2015)

구분	사업체수	사업체수 비중	종사자수	매출액	업체당 매출액	1인당 매출액
전국	635.7	100	1,824.2	79,579.6	125.1	43.6
서울	116.8	18.4	409.1	19,559.5	167.4	47.8
부산	47.1	7.4	135.7	5,921.2	125.6	43.6
대구	31.4	4.9	84.8	3,513.7	112.0	41.5
인천	29.8	4.7	85.1	3,845.9	128.9	45.2
광주	17.1	2.7	50.3	2,163.1	126.3	43.0
대전	18.3	2.9	54.2	2,559.1	140.0	47.2
울산	16.1	2.5	42.9	2,043.7	126.9	47.6
세종	1.6	0.2	4.1	185.2	116.7	44.7
경기	126.7	19.9	387.3	17,754.4	140.1	45.8
강원	29	4.6	68.8	2,521.8	86.9	36.7
충북	22.7	3.6	56.4	2,227.0	98.0	39.5
충남	28.2	4.4	71.8	3,056.2	108.3	42.6
전북	22.7	3.6	60.2	2,202.3	96.9	36.6
전남	25.6	4.0	60.7	2,262.0	88.5	37.3
경북	41.8	6.6	95.6	3,788.9	90.6	39.6
경남	49.9	7.8	125.4	4,906.1	98.3	39.1
제주	10.8	1.7	31.7	1,039.6	96.5	32.8

⟨표 24⟩ 프랜차이즈 산업 주요 3개국 현황

구분	한국(2015년)	일본(2012년)	미국(2010년)
가맹본부 수	3,482	1,281	2,300
가맹점 수	207,068	240,000	767,000
매출액(년)	약 102조	약 22조 287억 엔	1조 달러
고용인원	124만	200~300만	1,740만
외식업 비중	본부 72% 가맹점 44%	외식업 17.5% (매출기준) 외식업 41.8% (본부기준)	외식업 42% 패스트푸드 31%

⟨표 25⟩ 외식 프랜차이즈 현황

구분	외식가맹 본부 수	전체가맹 본부 수	외식가맹점 수	전체가맹점 수
2011	1,309(64%)	2,042	60,268(40.5%)	148,719
2012	1,598(66.4%)	2,405	68,068(39.8%)	170,926
2013	1,810(67.5%)	2,678	72,903(41.3%)	176,788
2014	2,089(70.3%)	2,973	84,046(44.1%)	190,730
2015	2,251(72.4%)	3,482	88,953(45.8%)	194,199

〈표 26〉 국내 프랜차이즈 현황(2015 기준)

가맹본부	가맹점
외식업 72%	외식업 46%
서비스업 19%	서비스업 31%
도·소매업 9%	도·소매업 23%

〈표 27〉 국내 프랜차이즈 현황(2015 기준)

년도	가맹본부 수	가맹브랜드 수	직영점 수	가맹점 수
2010년	2,042	2,550	9,477	148,719
2015년	3,482	4,288	12,869	194,199

〈표 28〉 국내 프랜차이즈 업종별 브랜드 수(단위:개)

년도	전체	외식업	서비스업	도소매업
2011년	2,947	1,942	593	392
2012년	3,311	2,246	631	434
2013년	3,691	2,263	743	325
2014년	4,288	3,142	793	353

〈표 29〉 국내 외식 프랜차이즈 가맹점 수(단위:개)

치킨	한식	주점	피자·햄버거
22,529	20,119	10,934	8,542
커피전문점	제빵·제과	분식·김밥	일식·서양식
8,456	8,247	6,413	2,520

〈표 30〉 외식 업종별 신생률(단위:%)

업종	수도권				비수도권
	서울	인천	경기	평균	
한식음식점	7.6	8.1	7.9	**7.8**	7.1
중식음식점	7.5	5.4	8.4	**7.7**	5.3
일식음식점	10.7	6.5	11.1	**10.5**	9.0
경양식음식점	9.9	13.6	11.8	**10.6**	10.8
패스트푸드점	9.4	10.9	12.1	**10.8**	13.4
치킨전문점	10.2	10.8	10.7	**10.5**	10.9
분식음식점	6.4	11.5	11.3	**8.5**	9.9
주점	9.6	8.4	10.2	**9.7**	8.0
커피숍	20.7	22.1	24.7	**22.5**	20.0

〈표 31〉 업종별 활동업체수 증감률(단위:%)

업종	수도권				비수도권
	서울	인천	경기	평균	
한식음식점	-1.3	-0.5	-1.1	**-1.1**	-0.4
중식음식점	0.1	-2.1	0.2	**-0.1**	-1.6
일식음식점	3.3	0.6	3.4	**3.1**	3.3
경양식음식점	1.6	5.7	3.5	**2.3**	2.0
패스트푸드점	-0.7	4.0	5.3	**2.4**	7.0
치킨전문점	1.4	0.9	2.9	**2.1**	3.8
분식음식점	-3.4	0.7	1.4	**-1.4**	1.9
주점	-0.3	0.2	0.9	**0.3**	1.2
커피숍	15.1	20.8	20.7	**18.0**	13.1

〈표 32〉 업종별 5년 생존율(단위:%)

업종	수도권				비수도권
	서울	인천	경기	평균	
한식음식점	55.4	57.0	56.4	**56.0**	61.7
중식음식점	63.5	69.6	61.4	**63.1**	72.2
일식음식점	59.5	50.0	57.3	**58.2**	68.0
경양식음식점	61.4	48.7	59.3	**60.5**	61.2
패스트푸드점	53.0	69.4	60.4	**58.2**	63.9
치킨전문점	61.9	54.7	59.8	**60.0**	63.4
분식음식점	49.9	54.0	49.8	**50.4**	58.0
주점	59.0	63.9	58.2	**59.1**	65.7
커피숍	57.4	64.8	48.7	**54.5**	51.6

〈표 33〉 수도권 업종별 생존기간 10년 미만 비율

업종	수도권(%)				비수도권(%)
	서울	인천	경기	평균	
한식음식점	53.9	50.4	56.7	**54.9**	45.9
중식음식점	47.3	45.2	53.7	**49.9**	37.5
일식음식점	63.5	46.4	62.2	**61.7**	54.0
경양식음식점	59.4	64.5	64.7	**61.2**	56.7
패스트푸드점	78.2	73.8	69.4	**73.7**	62.6
치킨전문점	68.5	69.7	71.6	**70.3**	66.5
분식음식점	43.6	65.7	64.3	**52.7**	57.0
주점	58.8	52.0	61.3	**59.1**	55.3
커피숍	86.5	76.2	84.4	**84.5**	70.3

〈표 34〉 업종별 상주인구기준 포화도 상위 지역

업종	서울	인천	경기
한식음식점	중구(3.6)	옹진군(2.1)	가평군(3.5)
중식음식점	중구(3.5)	중구(2.3)	가평군(2.8)
일식음식점	중구(3.8)	강화군(1.9)	평택시(2.9)
경양식음식점	종로구(2.9)	중구(2.0)	포천시(3.0)
패스트푸드점	강남구(4.7)	중구(1.5)	가평군(3.6)
치킨전문점	중구(2.4)	동구(1.6)	연천군(2.7)
분식음식점	종로구(3.3)	동구(1.9)	연천군(4.0)
주점	마포구(2.4)	부평구(1.3)	구리시(2.5)
커피숍	중구(3.9)	강화군(1.8)	연천군(3.2)

<표 35> 2015년 활동업체 현황(단위:개,%)

| | | 전국 | 수도권 | | | | 비수도권 |
			서울	인천	경기	평균	
한식 음식점	개수	289,358	53,092	11,408	58,235	**122,735**	166,623
	증감	-2,015	-680	-56	-623	**-1,359**	-656
	증감률	-0.7	-1.3	-0.5	-1.1	**-1.1**	-0.4
중식 음식점	개수	21,428	4,030	999	3,970	**8,999**	12,429
	증감	-218	4	-21	6	**-11**	-207
	증감률	-1.0	0.1	-2.1	0.2	**-0.1**	-1.6
일식 음식점	개수	12,784	4,844	645	2,499	**7,988**	4,796
	증감	394	155	4	82	**241**	153
	증감률	3.2	3.3	0.6	3.4	**3.1**	3.3
경양식 음식점	개수	27,023	9,463	575	4,141	**14,179**	12,844
	증감	568	148	31	139	**318**	250
	증감률	2.1	1.6	5.7	3.5	**2.3**	2.0
패스트 푸드점	개수	8,283	1,738	366	1,837	**3,941**	4,342
	증감	378	-13	14	93	**94**	284
	증감률	4.8	-0.7	4.0	5.3	**2.4**	7.0
치킨 전문점	개수	36,895	5,745	1,987	8,966	**16,698**	20,197
	증감	1,085	80	18	250	**348**	737
	증감률	3.0	1.4	0.9	2.9	**2.1**	3.8
분식 음식점	개수	41,454	12,075	2,094	7,171	**21,340**	20,114
	증감	73	-423	15	102	**-306**	379
	증감률	0.2	-3.4	0.7	1.4	**-1.4**	1.9
주점	개수	65,775	12,396	3,908	13,941	**30,245**	35,530
	증감	512	-39	6	120	**87**	425
	증감률	0.2	-0.3	0.2	0.9	**0.3**	1.2
커피숍	개수	50,270	11,055	2,446	9,712	**23,213**	27,057
	증감	6,666	1,453	421	1,664	**3,538**	3,128
	증감률	15.3	15.1	20.8	20.7	**18.0**	13.1

〈표 36〉 국내 주요 50개 외식업체 2016년 실적

	법인명	대표브랜드	매출액		
			2016년	증감률	2015년
1	파리크라상	파리바게뜨	1,777,178,739,028	2.86%	1,727,743,711,101
2	CJ푸드빌	빕스	1,250,423,221,494	3.66%	1,206,274,856,583
3	스타벅스코리아	스타벅스	1,002,814,318,251	29.58%	773,900,207,510
4	롯데GRS	롯데리아	948,881,502,698	-1.17%	960,107,706,719
5	이랜드파크	애슐리	805,448,929,846	11.06%	725,259,064,288
6	농협목우촌	또래오래	539,706,247,053	06.05%	574,447,698,787
7	비알코리아	던킨도너츠	508,589,410,709	-2.24%	520,244,187,126
8	교촌에프앤비	교촌치킨	291,134,570,511	13.03%	257,568,343,023
9	비케이알	버거킹	253,165,340,964	-9.10%	278,519,490,955
10	제너시스BBQ	BBQ	219,753,548,128	1.80%	215,859,733,466
11	청오디피케이	도미노피자	210,258,669,230	7.61%	195,397,386,682
12	해마로푸드서비스	맘스터치	201,871,094,029	35.82%	148,630,305,769
13	에스알에스코리아	KFC	177,025,154,533	1.32%	174,724,909,649
14	더본코리아	새마을식당	174,871,404,102	41.18%	123,861,782,375
15	본아이에프	본죽	161,915,426,742	12.99%	143,298,606,904
16	이디야	이디야커피	153,544,611,986	13.30%	135,521,376,709
17	지앤푸드	굽네치킨	146,963,838,585	49.35%	98,403,070,608
18	커피빈코리아	커피빈	146,020,774,483	5.10%	138,938,692,307
19	할리스에프앤비	할리스커피	128,620,870,080	18.45%	108,584,230,041
20	놀부	놀부부대찌개	120,371,880,274	0.61%	119,644,883,536
21	엠피그룹	미스터피자	97,057,713,543	-12.03%	110,334,442,101
22	한솔	한솔도시락	93,450,170,833	8.69%	85,977,883,670
23	탐앤탐스	탐앤탐스	86,904,811,559	-2.09%	88,763,650,721
24	아모제푸드	카페아모제	77,709,476,186	-10.79%	87,021,856,784
25	카페베네	카페베네	76,579,195,280	-30.45%	110,110,201,113
26	토다이코리아	토다이	75,712,432,549	1.81%	74,366,111,820
27	원앤원	원할머니보쌈	75,335,571,616	-1.76%	76,685,431,644
28	디딤	신마포갈매기	65,752,103,510	6.20%	61,915,832,179
29	엔티스	경복궁	64,214,566,518	0.04%	64,191,883,374
30	전한	강강술래	62,605,427,065	16.76%	53,617,791,947

	법인명	대표브랜드	영업이익		
			2016년	증감률	2015년
1	파리크라상	파리바게뜨	66,466,341,645	-2.83%	68,401,992,788
2	CJ푸드빌	빕스	7,612,835,874	-27.61%	10,515,825,667
3	스타벅스코리아	스타벅스	85,263,869,944	80.87%	47,141,285,776
4	롯데GRS	롯데리아	19,265,680,668	43.52%	13,423,529,274
5	이랜드파크	애슐리	-13,042,395,296	적자지속	-18,567,855,117
6	농협목우촌	또래오래	2,388,904,185	-43.58%	4,234,412,263
7	비알코리아	던킨도너츠	40,507,512,902	-21.78%	51,789,190,475
8	교촌에프앤비	교촌치킨	17,697,273,857	16.81%	15,150,420,135
9	비케이알	버거킹	10,753,419,177	-11.41%	12,138,378,984
10	제너시스BBQ	BBQ	19,119,575,719	37.65%	13,889,867,948
11	청오디피케이	도미노피자	26,148,974,238	14.85%	22,763,349,909
12	해마로푸드서비스	맘스터치	17,257,002,377	93.95%	8,897,630,011
13	에스알에스코리아	KFC	-12,262,188,782	적자전환	2,519,865,023
14	더본코리아	새마을식당	19,762,485,462	80.08%	10,974,482,886
15	본아이에프	본죽	9,643,020,060	108.54%	4,624,133,933
16	이디야	이디야커피	15,785,054,983	-3.36%	16,333,174,813
17	지앤푸드	굽네치킨	14,074,334,840	150.02%	5,629,268,870
18	커피빈코리아	커피빈	6,415,508,347	63.97%	3,912,507,369
19	할리스에프앤비	할리스커피	12,733,558,418	85.71%	6,856,590,390
20	놀부	놀부부대찌개	4,471,311,917	71.67%	2,604,572,263
21	엠피그룹	미스터피자	-8,906,726,136	적자지속	-7,258,907,426
22	한솔	한솥도시락	7,537,969,650	-3.90%	7,844,235,483
23	탐앤탐스	탐앤탐스	2,361,398,129	-46.33%	4,399,702,445
24	아모제푸드	카페아모제	-691,750,183	적자지속	-514,452,289
25	카페베네	카페베네	-554,827,454	적자지속	-4,381,991,762
26	토다이코리아	토다이	1,890,163,061	-34.38%	2,880,632,811
27	원앤원	원할머니보쌈	1,906,415,161	28.04%	1,488,921,918
28	디딤	신마포갈매기	5,531,547,756	109.18%	2,644,406,000
29	엔티스	경복궁	3,495,529,796	6.93%	3,268,846,170
30	전한	강강술래	6,253,723,716	156.51%	2,438,038,325

	법인명	대표브랜드	당기순이익		
			2016년	증감률	2015년
1	파리크라상	파리바게뜨	55,101,759,875	6.56%	51,707,226,710
2	CJ푸드빌	빕스	5,213,030,763	흑자전환	-7,399,515,626
3	스타벅스코리아	스타벅스	65,250,646,249	130.68%	28,286,458,919
4	롯데GRS	롯데리아	-11,328,471,862	적자지속	-57,188,774,814
5	이랜드파크	애슐리	-80,415,701,255	적자전환	3,259,340,450
6	농협목우촌	또래오래	176,061,903	-96.06%	4,474,241,678
7	비알코리아	던킨도너츠	35,748,612,156	-17.04%	43,090,305,701
8	교촌에프앤비	교촌치킨	10,333,269,262	48.13%	6,975,624,101
9	비케이알	버거킹	8,041,478,568	-6.98%	8,644,484,103
10	제너시스BBQ	BBQ	5,622,355,657	-25.79%	7,575,978,570
11	청오디피케이	도미노피자	20,886,060,816	15.86%	18,027,199,494
12	해마로푸드서비스	맘스터치	9,295,865,326	52.53%	6,094,487,395
13	에스알에스코리아	KFC	-18,989,243,531	적자전환	1,239,410,933
14	더본코리아	새마을식당	19,246,938,573	176.53%	6,960,110,664
15	본아이에프	본죽	6,541,937,183	666.68%	853,282,435
16	이디야	이디야커피	11,157,627,325	-14.73%	13,085,209,896
17	지엔푸드	굽네치킨	9,051,485,230	98.68%	4,555,730,841
18	커피빈코리아	커피빈	4,274,213,864	68.04%	2,543,614,329
19	할리스에프앤비	할리스커피	9,112,688,828	97.97%	4,603,109,833
20	놀부	놀부부대찌개	34,729,365	흑자전환	-1,185,695,358
21	엠피그룹	미스터피자	-13,169,290,522	적자지속	-5,685,686,269
22	한솔	한솔도시락	5,937,412,411	-6.94%	6,379,860,772
23	탐앤탐스	탐앤탐스	-2,700,843,324	적자전환	1,006,075,983
24	아모제푸드	카페아모제	-2,894,719,809	적자지속	-2,831,863,842
25	카페베네	카페베네	-24,199,662,544	적자지속	-33,998,615,819
26	토다이코리아	토다이	-302,769,030	적자전환	60,192,423
27	원앤원	원할머니보쌈	1,050,809,166	-46.68%	1,970,922,444
28	디딤	신마포갈매기	3,882,856,783	206.73%	1,265,883,943
29	엔티스	경복궁	870,450,996	62.51%	535,619,685
30	전한	강강술래	4,044,752,337	204.26%	1,329,361,651

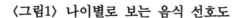

〈그림1〉 나이별로 보는 음식 선호도

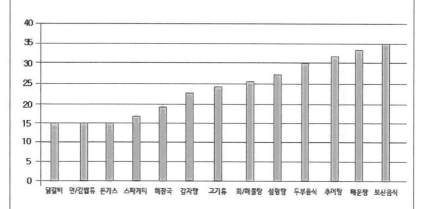

〈표 37〉 외식장소 선택기준

연도	식당 선택기준
1985년	가격, 맛, 위생
1990년	맛, 청결, 가격
1995년	맛(87.1%), 서비스(4.6%), 분위기(4.4%)
2000년	맛(77%), 서비스(37.4%), 분위기(32.7%)
2005년	맛(72.3%), 가격(15.5%), 양(4.4%)
2010년	맛(71.2%), 분위기(10.2%), 교통(8.4%)
2015년	맛(82.6%), 분위기(25.2%), 교통(21.3%)
2017년	맛(77.3%), 분위기(7.1%), 가까운 위치와 교통(6.8%)

〈표 38〉 상권별 특징

구분	특징
오피스	- 말, 저녁 공백. - 직장인 상권의 경우 짧은 이동을 선호하는 경향이 강하여 어디에 입지하는가가 중요함. - 따라서 오피스 이면 유동인구가 많은 곳이 상대적으로 유리. - 직장인을 목표시장으로 하는 만큼 규모를 크게 하고 현대화된 환경으로 창업하는 것이 유리.
역세권	- 영업시간이 상대적으로 길고 자영업자의 피로도가 큼. - 24시간 성황, 주말 유입인구가 크고 업종이 다양하며 유흥성향이 상대적으로 강한 상권 곱창전문점은 B급지에 입지하는 것이 적당,
대학가	- 찾아다니며 소비하는 성향이 강해 상권이 넓게 형성. 따라서 입지 선택의 여건이 상대적으로 양호.
주택가	- 평일 공백 - 가족단위 소비자를 유입할 수 있는 환경을 구축하는 것이 필요
전문 쇼핑가	- 업종별 군집형태로 상권 발달 - 쇼핑가 자영업자를 목표시장으로 전문상가 인근에 입지

〈표 39〉 보쌈전문점 최적의 상권입지

적합상권 유형	장 · 단점	
제1후보지 주택가 진입로변상권	장 점	보쌈전문점 주 수요층의 접근성이 좋은 대단 위 주택가 진입로 변 1층 매장이 가장 적합 하다.
	단 점	주택가 상권의 경우 직장인 수가 적다. 점심 매출이 기대만큼 나오지 않을 수 있다.
제2후보지 아파트 주거지역	장 점	거주밀집지역의 틈새상권도 좋다. 배달을 전 문으로 하는 소규모 업체라면 적극 추천한다.
	단 점	틈새 입지개발이 쉬운 일이 아닌 만큼 단골 을 만들기 위한 노력이 필요하다.
제3후보지 역세권, 오피스밀집 상권	장 점	직장인 유동인구가 많은 역세권이나 오피스 밀집상권, 먹자상권은 어떤 아이템이 들어가 도 반은 먹고 들어갈 수 있다.
	단 점	보증금, 월세, 권리금이 높아 매출은 높으나 수익성이 떨어질 수 있다.

〈표 40〉 장어전문점의 최적 상권입지

제1후보지 사무실 밀집지역 및 도심 오피스상권 먹자골목		제2후보지 도심외곽 관광지 및 강변상권		제3후보지 주택가로 이어지는 대로변	
장점	단점	장점	단점	장점	단점
주택가 상권보다는 관공서 주변상권과 회식 수요가 있는 사무실 밀집지역이 적합하다. 30~50대 남성들의 분포가 많은 지역이라 장어의 수요가 많다.	직장인들을 대상으로 하는 저렴한 가격의 점심 메뉴를 개발해야 한다. 주5일 근무로 주말 매출이 저조할 수 있다.	장어 전문점은 보양식품이라는 인식이 크기 때문에 도심 한가운데보다 외곽지역에서 장어를 찾는 사람들이 많다. 임진강 일대, 고창 선운사 일대, 남양주 운길산역 일대가 장어타운이 형성된 이유다.	주말고객층과 평일 고객층의 편차가 크다는 점이다. 수도권 상권의 경우 평일 접근성이 높은 지역 선정이 중요하다.	장어전문점 특성상 주택가 진입로 대로변 매장이 관건이다. 눈에 띄는 입지가 목적 구매고객을 공략할 수 있다.	평일 낮 매출을 담보하기 어렵다. 주부들의 계모임이나 동네의 크고 작은 행사를 유치하는 등 매출증대를 위한 전략을 세울 필요가 있다.

〈표 41〉 갈비 전문점의 최적의 상권입지

적합상권 유형		장·단점
제1후보지 (대단위 아파트 상권 내 외식상권)	장점	갈비 전문점의 주 수요층이라고 할 수 있는 주부·가족단위고객을 공략하는 데는 1만 세대 이상이 거주하는 아파트상권이 적합하다
	단점	아파트상권의 경우 분양가 거품으로 인해 점포임대가가 높기 때문에 자칫 투자 수익률이 떨어질 수 있는 위험성이 있다.
제2후보지 (주택가상권 대로변 입지)	장점	갈비 전문점은 대형화 전문화 바람을 타고 있는 아이템이다. 가시성과 접근성이 좋은 주택가 상권 진입로 대로변을 추천한다. 대형매장을 공략한다면 지역의 랜드마크 역할을 하면서 안정 수익을 확보할 수 있다.
	단점	대형 매장의 경우 점포구입비와 점포 시설투자비가 높다. 초기투자 비용이 상당하므로 쉽사리 진행하기 어렵다.
제3후보지 (역세상권 내 먹자골목)	장점	지속적인 안정 수요층을 확보하는 데는 역세상권의 먹자골목도 나쁘지 않다.
	단점	먹자골목 내의 경쟁점포가 많기 때문에 자칫 먹자골목 경쟁우위를 점유하지 못한다면 상권 내 경쟁구도에서 밀려날 수 있는 위험성이 높다.

〈표 42〉 닭갈비 전문점, 대학가·먹자골목 최적의 상권 입지

적합상권 유형		장·단점
제1후보지 (지하철역 인근 먹자골목)	장점	지하철역 인근 먹자골목이나 중심상가 이면도로는 닭갈비 전문점의 최적 입지다. 내부가 들여다보이는 1층 매장이면 더욱 좋다. 우선 유동인구가 많고, 저녁모임이 많이 이루어지는 곳이라 소모임이나 회식수요가 많다.
	단점	주 영업시간이 밤이기 때문에 늦은 시간까지 영업을 해야 한다. 체력이 뒷받침되지 않으면 운영에 차질을 빚을 수 있다.
제2후보지 (대학가 주변)	장점	닭갈비에 대한 선호도가 가장 높은 계층이 모이는 지역이다. 맛과 서비스에 관리를 잘하면 단골손님 확보가 용이하다.
	단점	점포 구입단계에서 투자비용이 높다. 물건을 구하기도 쉽지 않다. 어설프게 접근하면 손해만 볼 확률이 높다.
제3후보지) (사무실주변 유동인구 많은 곳)	장점	직장인들의 모임 장소로 콘셉트를 잡는 게 중요하다. 점심메뉴를 개발해 점심영업을 기대 할 수 있다.
	단점	주말 매출을 기대하기 어렵다. 저녁 매출이 중요한 업종이지만, 퇴근시간대 매출이 생각만큼 나오지 않을 가능성도 있다.

관통도로와 교통량에 따른 매출

관통도로란 시 경계선에서 시내와 시외를 연결하는 주요 도로를 말한다. 적은 자본으로 음식 장사로 한몫 잡고 싶다면 이들 관통도로의 교통량을 분석하는 것이 좋다. 국내에는 도시 크기가 매우 크고 근처에 거대 위성 도시를 끼고 있어도 관통도로에 하루 20만대가 넘는 교통량을 보이는 지역이 없다. 그럼 관통 도로의 교통량이 대강 어느 정도이면 음식점의 장사가 잘되는 것일까?

교통량이 많이 발생하는 관통 도로에는 도로를 따라 여러 개의 핵심 상권이 자생하고 있다. 음식점을 이 핵심 상권에 입점시키는 것도 좋은 방법이지만 건물 임대료가 비싸다. 이럴 경우에는 교통량을 믿고 대로변에 음식점을 입점시키는 것도 생각해볼 만하다. 남태령 고개를 예로 들어보면, 남태령 고개는 경기도 과천과 서울 사당동을 연결하는 고개 이름이다. 이 고개를 따라 서울 방향으로 발전한 상권이 사당동 역세권이다. 그 밑으로는 방배동 상권이 있다. 예전에는 시계를 연결하는 단순한 도로에 불과했으나 서울 외곽에서 서울 시내로 출퇴근하는 사람들이 많아지면서 사당동은 대형 상권으로 발전하였다.

관통 도로와 같은 대로변에 음식점을 입점시킬 때는 하루 평균 5만 대 정도의 교통량이 발생하는 도로로 생각해볼 만하다. 5만 대 수준이면 대강 맛이 있거나 분위기가 있는 요식업소라면 매출이 일정 이상으로 발생한다.

그렇다면 교통량 계산은 어떻게 하나? 어떤 한 지점의 교통량은 일반적으로 출근이 시작되는 아침 7시를 전후로 해서 늘어나기 시작한 뒤 8시부터 9시 사이가 그날의 최고 피크 타임이 된다. 그런 뒤 교통량이 일정 수준으로 계속 유지되다가 오후 퇴근 시간이 되자 교통량이 다소 늘어났다가 새벽 1시면 현저하게 줄어든다는 공통점이 있다.

즉 아침 9시대에 피크를 이루고 점심을 전후로 약간씩 줄어들었다가 저녁 퇴근 시간대에 다시 피크를 이룬 뒤 새벽 1시까지 천천히 감소하다가 새벽 1시를 넘으면 현저하게 줄어든다. 이로 인해 아침 피크 시간대의 교통량과 교통량이 제일 적은 새벽 4시경의 교통량은 3배에서 5배 정도의 차이가 발생한다.

교통량 조사 방식

관통 도로에서의 교통량은 오전(07~09시), 점심(11~14시), 퇴근 시간(17~19시) 사이에 측정한다. 새벽 1시부터 아침 7시까지의 교통량은 피크 타임의 3분의 1로 계산한 후 평균을 잡으면 하루 교통량의 윤곽이 대강 잡힌다.

일반적으로 주거 지역에서는 21시~23시 사이에 교통량이 점차 줄어들지만, 심야 영업이 활발한 지역은 21시~23시경에 다소 교통량이 늘어나는 특징을 가지고 있다. 따라서 술집을 창업하려면 그 지역(먹자골목 등)의 밤 21시부터 23시까지의 교통량을 측정하는 것이 좋다. 만일 21시를 기준으로 시간당 교통량의 유입 유출 합계가 3천대 이상이라면 그 지역은 심야 상권이 활발한 지역이라고 볼 수 있다.(밤 9시부터 10시까지 3천대 이상의 유동량을 보이는 도로라면 그 도로는 교통 정체가 상당히 심한 도로라고 말할 수 있다.)

〈표 43〉 서울의 관통 도로 교통량

도로 명	교통량(대)
양재대로	약 13만
시흥대로	약 12만
하일동	약 10만
남태령	약 9만
통일로	약 9만
도봉로	약 7만 9천
망우리	약 7만 7천
복정 검문소	약 6만
서하남	약 6만
서오릉	약 4만

창업할 수 있는 외식업 종목

한정식 전문점/ 산채요리 전문점/나물요리 전문점/ 약선요리 전문점/ 궁중요리 전문점/ 사찰음식 전문점/ 한식당/ 한식배달 전문점/ 생선구이백반 전문점/ 연탄구이백반 전문점/ 우렁된장 전문점/ 대통밥 전문점/ 중화요리 전문점/ 중화요리 뷔페/ 테이크아웃 중화요리 전문점/ 중화요리 패밀리 레스토랑/ 기사식당/ 5,000원 기사식당/ 돼지김치찌개 전문 기사식당/ 해물탕 전문 기사식당/ 연탄구이 기사식당/ 일식집/ 활어횟집/ 장어 전문점/ 초밥 전문점/ 퓨전초밥 전문점/ 회전초밥 전문점/ 일본음식 전문점/ 보쌈 전문점/ 부대찌개 전문점/ 수제 부대찌개 전문점/ 빈대떡 전문점/ 족발 전문점/ 닭갈비 전문점/ 찜닭 전문점/ 바비큐 치킨 전문점/ 통닭 전문점/ 닭볶음탕 전문점/ 삼계탕 전문점/ 죽 전문점/ 덮밥 전문점/ 비빔밥 전문점/ 돌솥밥 전문점/ 가마솥밥 전문점/ 철판볶음밥 전문점

참치회 전문점/ 꽃게탕 전문점/ 해물탕 전문점/ 민물새우 전문점/ 낙지요리 전문점/ 랍스타 전문점/ 조개구이 전문점/ 꼬치구이 전문점/ 밴댕이요리 전문점/ 올갱이국 전문점/ 돼지갈비 전문점/ 삼겹살 전문점/ 생고기 전문점/ 연탄불고기 전문점/ 화로 숯불고기 전문점/ 한우 전문점/ 떡볶이 전문점/분식 전문점/ 만두 전문점/ 즉석김밥 전문점/ 카레요리 전문점/ 수제어묵 전문점/ 수제 햄버거 전문점/ 수제핫도그 전문점/ 호두과자 전문점/ 왕만두 전문점/ 멸치국수 전문점/ 잔치국수 전문점/ 회국수 전문점/ 막국수 전문점/ 우동 전문점/ 라면 전문점/ 칼국수 전문점/ 손칼국수 전문점/ 콩칼국수 전문점/ 바지락 칼국수 전문점/ 수제비 전문점/ 닭수제비 전문점/ 퓨전음식 전문점/ 일식돈가스 전문점/ 바비큐 전문점/ 샤브샤브 전문점/ 버섯요리 전문점/ 두부요리 전문점/ 두루치기 전문점/ 보리밥 전문점/ 쌈밥 전문점/ 떡갈비 한정식 전문점추어탕 전문점/ 매운탕 전문점/ 동태탕 전문점/ 감자탕 전문점/ 영양탕 전문점/ 오리요리 전문점/ 설렁탕 전문점/ 해장국 전문점/ 뼈다귀 해장국 전문점/ 콩나물 해장국 전문점/ 소해장국 전문점/ 카페/ 락카페/ 북카페/ 룸카페/ 커피숍/ 룸커피숍/ 테이크아웃 커피 전문점/ 보드게임 카페/ 막걸리 전문점/ 연탄불 생선구이 주점/ 일본식 주점/ 퓨전 주점/ 연탄불 안주 주점/ 철판요리 주점/ 포차 주점/ 맥주 전문점/ 세계맥주 전문점/ 호프 전문점/ 소주방/ 단란주점/ 룸살롱/ 노래방/ 비즈니스 바/ 웨스턴 바/ 칵테일 바/ 마술쇼 바/ 모던 바/ 클럽/ 제과점/ 떡 전문점/ 피자 전문점/ 파스타 전문점/ 스파게티 전문점/ 이태리요리 전문점/ 프랑스요리 전문점/ 터키요리 전문점/ 베트남쌀국수 전문점/ 양꼬치 전문점/ 말고기 전문점/ 북한음식 전문점/ 외국음식 전문점/ 패스트푸드/ 패밀리 레스토랑/ 샐러드 레스토랑/ 해물 뷔페/ 고기 뷔페/ 가든형 음식점/ 반찬집/ 1만원 고기안주 주점/ 1만원 해산물안주 주점/ 무한리필 안주 주점/ 무한리필 음식 전문점/ 무한 토핑 주점

〈표 44〉 추정소요자금 계획

과목	금액	비고
1. 매출액	0	서비스매출 + 상품매출
1) 서비스	0	(서비스매출)
2) 상품매출	0	(상품 또는 음식 판매 매출)
2. 매출원가	0	상품의 원가
3. 매출이익	0	매출액 - 매출원가
4. 판매관리비	0	
1) 급료	0	직원급여, 사업자급여
2) 복리후생비	0	직원복리후생, 4대보험, 식대 등
3) 임차료	0	임차료
4) 수도광열비	0	전기세, 수도세, 가스 등
5) 통신료	0	전화, 인터넷, 휴대폰
6) 수수료	0	세무대행료, 신용카드 수수료, 정수기, POS 등
7) 소모품비	0	1회용품, 청소용품, 주방용품
8) 감가상각비	0	취득원가-잔존가치/내용연수
9) 광고비	0	전단지, 홍보비 등
10) 기타경비	0	
5. 영업이익	0	매출이익 - 판매관리비
6. 영업외 비용	0	
1) 지급이자	0	대출금은행이자
7. 영업외 수익	0	이자수익 등
8. 경상이익	0	영업이익 - 영업외비용 + 영업외수익
9. 세전순이익	0	경상이익 - 특별손실 + 특별이익
10. 세금	0	1년 부가가치세, 소득세/12개월
11. 순손익	0	세전순이익 - 순이익

매출액 추정과 투자 수익률 분석
매출액 추정 방법 1개월 동안의 수익 X 12개월 = 적정 권리금
월 매출액 통행인구수 X 내점률 X 1인구매단가(객단가) X 월간 영업일수

〈표 45〉 투자수익률 및 투자회수기간 판단 기준

사업성 판단기준	투자수익률	투자비회수기간
매우 우수	4.3% 이상	2년 이내 회수
우수	3~4.2%	2~3년 회수
보통	2.2~3%	3~4년 회수
불량	2.1% 미만	4년 이상 회수

〈표 46〉 입지 후보지 선정

1	업종(목적)분석	아이템의 소비시간, 소비수준, 소비층, 소비행동, 경쟁점, 보완점을 분석한다.
2	유사업종군집화	소비패턴과 소비특성 등이 유사한 업종을 군집화한다.
3	1차 지역선정	군집화된 업종의 환경 조사
4	적합도 분석	상권과 업종의 적합도와 경쟁점과 보완점을 조사한다.
5	2차 후보지선정	적합도가 높으며, 임대조건 등이 좋은 지역 선정
6	변화요인 분석	도시계획, 공급률 등을 조사하여 미래변화요인을 조사한다.
7	타당성 분석	추정손익, 투자대비, 수익률 등 사업타당성을 분석한다.
8	최종	최종 결정

〈표 47〉 환경 분석(3C 분석)

3c	분석 내용	전략 방향
Customer	- 상권 반경 1km 내 - 배후세대를 주택가로 두고 있는 2종 근린생활 상권 - 30~40대 매니아층, 가족 수요 상존 - 31,500세대, 88,700명(주택 80%)	양질의 제품 확보 정당한 가격 정책
Company	- 기능적 능력의 확보 - 공급자 확보 - 20년 이상 거주로 잠재 수요 확보	제품의 질 유지
Competitor	- 경쟁점포 7개소(곱창 6, 양구이 1) - A급 경쟁점포 1개 - 경쟁점 대비 차별화 요소 약함 - 기존 점포의 고객 충성도 높음	양심의 제품 공급과 마케팅으로 새로운 맛집으로 부상

⟨표 48⟩ 사업 방향의 설정

구분	사업 방향 설정
목표고객	- 상권 내 30~40대 - 배후세대 가족 고객
핵심경쟁력	- 기술적 능력 - 양질의 제품에 대한 지속적인 제공능력
실행방안	- 독산동 내장 도매상과의 협업 - 블로그 운영 - 스토리텔링에 의한 고객충성도 고취
업종현황 및 전망	- 공급이 한정적이고 손질에 어려움이 있는 반면, 매니아층을 중심으로 수요가 꾸준하여 향후 전망 또한 안정적임.

⟨표 49⟩ 시설계획

인테리어 컨셉	-젠 스타일 추구로 유행을 타지 않으면서 안정감 추구 -가족 고객을 위한 편안한 테이블 셋팅 -배연 시설에 중점			
시설 계획	-동선을 고려한 설계 -주방면적, 홀 면적, 테이블 수, 마감재 기재 철거, 목공, 전기, 조명, 마감 계획의 구체화 -간판 디자인			
시설 자금	품명	수량(m²)	3.3m² 당 단가	금액
	인테리어(홀)	66	800,000	16,000,000
	인테리어(주방)	19	400,000	2,000,000
	잡기 비품 등			5,000,000
	간판 외			2,000,000
	합계			25,000,000

〈표 50〉 구매계획

구매전략	-독산동 내장 소매상 2곳 이상 확보 -세금계산서 수취가 가능한 식자재 업체 확보 -결제조건, 반품 조건 등을 명확히 함. -집기 비품 구매 목록표 작성					
	구입품명	구입처	거래조건	연락처	금액	비고
식자재	곱창, 양깃머리 외					
	식자재					
	주류					
집기/비품	주방 용품					
	홀 용품					

〈표 51〉 판매계획

	메뉴명	수량(g)	단가	금액(일)	비고
판매계획	곱창	200	15,454	772,700	부가세 별도
	양깃머리	200	20,000	200,000	
	곱창모둠	200	13,636	272,720	
	염통	200	9,090	45,450	
	간, 천엽		4,545	22,725	
	주류		2,727	149,985	
	합계			1,463,580	

〈표 52〉 원가계획

	원부자재	소요량(일)	구입단가	금액	비고
매출원가	곱창	1보			
	양깃머리	2kg			
	막창	1보			

〈표 53〉 인력 및 인건비 계획

직책	인원	급여	총액	비고
실장(주방/홀)	2	1,600,000	3,200,000	
직원(홀)	2	1,400,000	2,800,000	
보조(주방)	1	800,000	800,000	
합계	5	3,800,000	6,800,000	

〈표 54〉 소요자금 및 조달계획

구분		내역	금액	산출근거
소요자금	시설자금	임차보증금	40,000,000	임대차계약서
		권리금	20,000,000	권리양도계약서
		인테리어비	20,000,000	견적서
		집기 비품	5,000,000	견적서
		소계	85,000,000	
	운영자금	운영자금	25,000,000	매출계획의 약 65%
		소계	25,000,000	
	합계		110,000,000	
조달계획	자기자금	현금/예금	70,000,000	통장
		소계	70,000,000	
	타인자금	은행대출	10,000,000	
		정책자금	30,000,000	창업자금
		소계	40,000,000	
	합계		110,000,000	

〈표 55〉 손익계획

과목	금액		산출근거
1.매출액		39,516,000	매출계획(27일영업일)
2.매출원가		15,806,000	(40%)
3.매출이익		23,710,000	
4.일반관리비		13,875,000	(가~자 합계액)
가.급료	6,800,000		인력계획 참조
나.임차료	5,060,000		
다.관리비	600,000		
라.수도광열비	400,000		
마.통신비	50,000		
바.복리후생비	250,000		
사.광고선전비	100,000		
아.잡비	200,000		
자.잠가상각비	415,000		
5.영업이익		9,835,000	
6.영업외비용		100,000	
가.지급이자	100,000		약 25%
7.영업외수익			
8.경상이익		9,735,000	

〈표 56〉 곱창이야기 수익성

구분	15평(49.5m)	30평(99.1m)
테이블수	일일 2회 기준 테이블수X테이블단가40,000 ▶360,000X2회 ▶720,000	일일 2회 기준 테이블수18X테이블단가40,000 ▶720,000X2회 ▶1,440,000
예상매출	일일 2회 기준 테이블수X테이블단가40,000 ▶360,000X2회 ▶720,000	일일 2회 기준 테이블수18X테이블단가40,000 ▶720,000X2회 ▶1,440,000
예상월매출	영업일30X일매출→ 21,600,000	영업일수30X일매출→43,200,000

〈표 57〉 곱창이야기 창업비용

구분	15평	30평	내용
월매출	21,600,000	43,200,000	
매출원가	8,610,000	17,280,000	원재료+식자재+주류+야채류
건물임대료	2,600,000	4,000,000	임대료/관리비
인건비	4,000,000	7,000,000	15평 주방1 홀2 4,000,000 30평 주방1 홀4 7,000,000
전기,가스 공과금	1,000,000	2,000,000	전기,수도,가스,공과금 등
잡비	500,000	1,000,000	기타 소모품 및 식대
소계	16,140,000	31,280,000	
영업이익	5,460,000	11,920,000	원매출-지출경비(소계)

〈표 58〉 한식당 창업비용의 예

구분	내용	20평	30평	40평	50평	60평	70평
가맹비	브랜드 사용권, 지역독점부여권, 조리교육, OPEN지원 3일	500	500	500	500	500	500
교육비	경영, 조리, 매뉴얼제공, 본사 노하우제공, 조리교육 3일	200	200	200	200	200	200
인테리어	목공사, 전기공사, 설비공사, 도장공사, 유리, 도배, 주방, 바닥 시공, 조명, 덕트 등 일체포함	3,000	4,500	6,000	7,500	9,000	10,500
주방기기	냉장고 및 냉동고, 간택기, 육수냉장고, 싱크대,찬 냉장고, 작업대, 밥솥, 컵소독기, 스텐선반, 홀싱크대, 상부선반, 초벌대	37	37	37	37	37	37
주방 및 홀 집기	그릇 및 주방집기, 기물, 홀 집기, 앞치마, 전자레인지, 믹서기, 보온고 등	30	30	30	30	30	30
판촉 및 홍보	명함, 빌지패드, 라이터, 메뉴판, 전단지, OPEN현수막, 유니폼(홀, 주방), 오픈행사도우미 2명 외 등	250	250	250	250	250	250
본사지원품목	주류냉장고, 냉동고, 냉각기 및 주류비품 일체, 가스설비시공 (단, 도시가스 제외)						
창업자금지원	무이자, 무담보, 1,000만원부터 최고 5,000만원 까지 가능 (지역 상권, 평수에 따라 차이가 날 수 있음)						
합계		4,017	5,517	7,067	8,567	10,067	11,567

사업자등록증 발급을 위한 행정 절차	
권리금 산정방식	① 신규 위생교육 ② 보건증 발급 ③ 영업신고증 신청 ④ 사업자등록증 신청 ⑤ 보험 가입

〈표 59〉 일반음식점과 휴게음식점 비교

일반음식점	휴게음식점
음식물의 조리 및 판매와 더불어 음주행위가 허용되는 호프집, 한식, 경양식 등	음식물의 조리 및 판매는 가능하나 음주행위가 허용되지 않는 커피숍, 빵집 등

〈표 60〉 일반과세와 간이과세 비교

구분	일반과세사업자	간이과세사업자
매출액	연간매출액 4,800만원 이상	연간매출액 4,800만원 미만
납부세율	공급가액의 10% 부가가치세로 납부	업종별 부가세율을 고려한 세율부과(공급가액의 1.5~4%)
세액공제	매입세액 전액	매입세액의 15~40%
세금계산서	세금계산서 발행과 매입의 의무	세금계산서 발행 불가
예정고지 여부	예정신고기간에 대해 예정신고 또는 예정고지에 의한 징수 원칙	예정신고 및 예정고지 없음
비고		과세기간 매출액이 1,200만원 미만인 경우 부가가치세 면제

〈표 61〉 주요 소셜커머스 사이트 및 연락처

소셜커머스 업체	도메인	연락처
쿠팡	www.coupang.com	1577-7011
티켓몬스터	www.ticketmonster.co.kr	1544-6240
위메이크 프라이스	www.wemakeprice.com	1588-4763
그루폰코리아	www.groupon.kr	1661-0600
지금샵	www.g-old.co.kr	070-4077-4770
슈팡	www.soopang.co.kr	1600-2375
소셜비	www.sociabee.co.kr	1588-5908
달인쿠폰	www.dalincoupon.com	1666-9845

〈표 62〉 온라인마케팅의 하나인 소셜미디어 활용

	블로그	SNS	위키	UCC	마이크로블로그
사용목적	정보공유	관계형성, 엔터테이먼트	정보공유, 협업에 의한 지식 창조	엔터테이먼트	관계형성, 정보공유
주체:대상	1:N	1:1 1:N	N:N	1:N	1:1 1:N
사용환경 채널 다양성	인터넷 의존적	인터넷환경, 이동통신환경	인터넷 의존적	인터넷 의존적	인터넷환경, 이동통신환경
사용환경 즉시성	사후기록, 인터넷 연결시에만 정보 공유	사후기록, 현재시점 기록, 인터넷/이동통신 연결 시 정보공유	사후기록, 인터넷 연결시 창작/공유	사후제작, 인터넷 연결시 콘텐츠 공유	실시간 기록, 인터넷/이동통신 연결 시 정보공유

〈표 63〉 연간 판매촉진 전략

월별	행사	이벤트 기준 및 판촉활동
1	시무식, 신년회, 설날, 대입합격축하회	POP부착, 새해선물(식사권, 할인권 등)을 연하장에 넣어 DM발송, 내점고객 선물 증정(복주머니, 복조리 등)
2	입춘, 봄방학, 졸업식, 환송회	졸업축하 이벤트, 발렌타인데이 특별 디너세트 판매(꽃, 샴페인증정, 초콜릿), 봄맞이 환경처리 실시, 현수막 부착, DM발송(리스트 입수), 정월대보름 오곡밥 축제
3	입학식, 환영회, 대학개강 파티	입학식, 환영회(행사유치를 위한 사전 홍보활동 및 선물제공), 화이트데이 이벤트 실시, 봄 샐러드 축제와 꽃씨제공
4	봄나들이, 한식, 식목일	신 메뉴 개발, DM, 각종 차량에 안내장 부착
5	어린이 날, 어버이 날, 스승의 날, 성년의 날	어린이날 특선메뉴 및 기념품 제공, 가정의 달 효도대잔치(카네이션, 기념사진 등), 독거 소년·소녀와 노인 초청 행사, 서비스 콘테스트 실시, 광고 등
6	각종 체육회, 현충일	국가 유공자 가족 초대회(할인행사)

월별	행사	이벤트 기준 및 판촉활동
7	여름보너스, 휴가, 초중고 방학	DM, 여름철 특선 메뉴 실시(빙수, 생과일 쥬스, 호프, 야외 바베큐파티 등), 삼복더위 축제
8	여름휴가, 초중고 개학	한여름 더위를 식힐 화채 개발 시식 및 각종 우대권 제공
9	대학개학, 초가을레저, 추석	도시락 개발, 행락철에 T/O
10	운동회, 대학축제, 결혼러시, 단풍놀이 행락객	가을미각축제, 과일축제, 송이축제, 전어축제, DM발송
11	학생의 날, 취직, 승진축하	찜요리 축제, 입시생을 위한 특선메뉴(건강식), 송년회 및 회식안내(DM)
12	송년회, 겨울방학, 겨울레저, 첫눈	크리스마스카드 및 연하장 발송(할인권), 점내 POP부착
기타	단골고객의 날 이벤트 개최, 생일 축하, 월 시식일 등	고객관리, 선물 또는 무료 식사권 제공

일일 매출 규모별 적정 관리 내역

(1) 하루 매상 40만원-창업 실패한 업소

한 달 총매출 : 40만원 x 30일 = 1,200만원

재료비(30%~35% 안팎) : 450만원 안팎

임대료&공과금&인건비(35%~40% 안팎) : 500만원 안팎

순이익률(22%~30%) : 250만원 ~ 350만원(사장이 주방이나 매장일을 하는 상태)

(2) 하루 매상 60만원-평균 성적을 거둔 업소

한 달 총매출 : 60만원 x 30일 = 1,800만원

재료비(30%~35% 안팎) : 600만원 안팎

임대료&공과금&인건비(35%~40% 안팎) : 700만원 안팎

순이익률(23%~32%) : 400만원 안팎(사장이 주방이나 매장일을 절반 정도 하는 상태)

(3) 하루 매상 150만원-대박 아닌 중박을 이룬 업소

한 달 총매출 : 150만원 x 30일 = 4,500만원

재료비(30%~35% 안팎) : 1,600만원 안팎

임대료 & 공과금 & 인건비(35%~40% 안팎) : 1,700만원
안팎

순이익률(25%~33%) : 1,200만원 안팎

(4) 하루 매상 30만원~40만원 일 경우-폐업 갈림길의 음식점

　말 그대로 입에 풀칠하고 있는 상황에서 사업을 접지도 못하는 상황인 음식점을 말한다. 수입이 적기 때문에 사장이 직접 주방일을 할 수밖에 없다. 인건비 지출을 줄여야 하므로 종업원은 1~2인만 고용할 수 있는 상태다. 종업원 1인 고용 시 매장을 전부 담당하지 못하므로 사장 부인이 주방일도 거들고 매장일도 거드는 상황이 된다. 이렇게 되면 부부가 힘들어 지게 되고, 부인의 바가지 지수는 높아지며 이때쯤 되면 음식점 장사에 대해 체념하게 된다.

　이런 점포는 십중팔구 1년 안에 문을 닫게 되거나, 코가 꿰인 상태로 어쩌지도 못하고 사업을 하는 상태가 지속된다.

하루 평균 매상 30만원 이하이면 이건 동네에서 관심조차 받지 못하는 음식점이란 뜻이고, 맛없는 집이거나 망해가는 음식점이라는 뜻이다. 다시 말해 동네 손님은 없고, 아주 소수의 단골손님과 우연히 걸려든 뜨내기손님을 받는 업소이다.

5천만원 이하 소자본 창업을 하면서 준비를 제대로 하지 않으면 이런 일이 쉽게 발생한다. 가장 큰 이유는 업종 선택이 잘못되어서이거나, 맛이 없어서이다. 이런 경우 1일 매상 폭의 변동이 매우 심한데 이것은 고객들에게 안 가도 되는 음식점으로 각인됐다는 뜻이다. 창업 15일이 지나도 하루 평균 매상이 30만 원 이하이면 바로 업종 변경을 해야 한다. 만일 밥집이었다면 술을 취급할 수 있는 업종으로 변경을 시도하면 매상을 더 올릴 수 있다.

(5) 하루 매상 60만원 일 경우-생활 유지형 음식점

하루 매상 60만원이라면 월수입이 400~500만원 정도이므로 집에 생활비를 가져갈 수 있고 음식점 경영 목적으로 자동차를 자유롭게 운용할 수 있는 상태이다. 자동차는 더 싼 식재료를 사러 다니는 용도로 사용한다. 우리 주변에서 볼 수 있는 평범한 음식점들보다는 좋은 실적이므로 일단 '맛'은 어느 정도 인정받은 집이라고 할 수 있다.

일을 할 때 가끔 자기 일이 행복하다는 생각이 들기도 하고 불행하다는 생각이 들기도 한다. 부부는 일심동체로 사업을 키우기 위해 더 열심히 노력하는 상태가 된다. 건물 임대료에 따라 다르겠지만 종업원은 1~2명 정도 고용할 수 있고 부부 중 한 사람이 주방을 맡아 인건비 부담을 줄일 수 있다.

그런데 이 경우가 가장 위험하다. 당장 먹고사는 방법이 마련되어 있으므로 가끔 행복지수가 올라가기는 하는데, 유명 맛집이 아닌 한 음식점의 매상은 세월이 흐를수록 떨어지기 마련이다. 예를 들어 옆집에 더 근사한 음식점이 들어오면 바로 타격이 온다는 뜻이다. 하지만 기존 단골이 있으므로 바로 매상이 떨어지지는 않고 2~5년 세월이 흘러가면서 아주 서서히 매상이 떨어진다. 어느 날은 매상이 90만원인데 어느 날은 매상이 20만원이 되기도 한다.

(6) 하루 매상 100만원일 경우-돈을 모을 수 있는 음식점

월 900만원 안팎의 수익이 발생하므로 몸은 고생해도 행복지수는 날로 높아진다. 월 순이익 1천만원 수준을 넘기면 이젠 자신의 음식점이 성공하였다고 자부하고, 자기는 가만히 있는데도 돈이 굴러들어온다고 착각한다. 이 상태이면 주방장과 종업원을 여러 명 고용한 뒤 부부는 놀러 다닐 수도 있는 상태가 되지만 돈 버는데 재미가 붙어 꼭 매장에 붙어 있으려고 한다. 이 경우 월수입을 전부 쓰지 말고 생활비를 제외한 나머지는 반드시 저축해야 한다. 저축한 금액은 몇 년 뒤 매장을 확장하거나 직영점을 내는 데 활용할 수 있다. 직영점 3개 정도 내면 더 바쁘게 살겠지만 최소한 돈 걱정은 안 하고 살 수 있을 것이다. 또한 천천히 프랜차이즈 사업을 시도할 수도 있다.

(7) 하루 매상 150만원일 경우-흔히 말하는 중박 음식점

하루 매상이 150만원인 점포는 흔히 말하는 중박 이상의 성공한 음식점들이다.

유명 햄버거 프랜차이즈 중에서 입지 조건이 나쁜 지방에 있는 점포인 경우 일매 110만원 정도를 찍는다. 대도시에서 지명도 낮은 지역에 있는 유명 햄버거 체인점들이 일매 130 만원~180만원을 찍는다. 그리고 재래시장에서 볼 수 있는 시장 빵집 중 항상 손님이 바글바글대는 빵집이 일매 170만원을 찍는다.

30평 규모의 유명 한식 프랜차이즈 중에서 장사가 잘되는 점포가 일매 150만원 찍고, 장사가 잘되는 주점, 호프집, 고깃집, 일식집, 분식집이 일매 150만원을 찍는다.

(8) 하루 매상 200만 원-흔히 말하는 초대박 음식점

하루 매상 200만 원이면 객단가 7천 원 기준 1일 300인분을 판매하는 초대박 음식점이다. 월 1천 500만원~2천만원의 순수익이 발생한다. 물론 고기를 박리다매하는 주점이라면 이익률이 더 낮아질 것이다. 하루 200만 원 매출이 발생한다면 더할 나위 없이 좋은 시나리오이고 프랜차이즈 사업을 시도해도 성공할 확률이 높다. 또한 매출이 조금 떨어질 무렵이면 장사에 싫증날 수도 있는데 이때 권리금을 많이 받고 바로 팔아 버릴 수도 있다.

그런데 하루 매상 200만원 찍으려면 단골과 유동 인구가 중요하다. A급 상권에 입점한 유명 패스트푸드점, 외식업 체인점이 일매 200만원 이상 찍는다. A급 상권에서 장사가 잘되는 고깃집, 한정식, 횟집, 주점, 퓨전음식점, 유명 한식체인점, 일식집, 분식집이 일매 200만원 이상 찍는다. A급 상권에 있는 퓨전포차도 히트치면 일매 200만원 이상 찍는다.

(9) 하루 매상 300만원 이상-맛집이거나, 유동 인구가 많거나, 매장 크기가 큰 음식점

유동 인구가 많은 오피스 밀집 지역은 20평 크기의 분식점도 장사를 잘하면 일매 300만 원 이상 찍기도 한다. 또한 지방의 전통적인 맛집이거나, 점포 크기가 상대적으로 큰 경우다. 객단가가 높은 음식점이거나, 부촌에서 장사가 잘되는 음식점이 이에 속한다.

A급 상권이거나 강남 부촌 등에서 장사가 잘되는 고깃집, 주점 등이 일매 300만원 이상 찍고, A급 상권으로 비즈니스 밀집 지역에서 장사가 잘되는 20평 크기의 분식점이 일매 300만 원 이상 찍는다. 대형 아파트단지에서 맛으로 유명한 개인 빵집도 일매 300만원 이상 찍는다.

갈비 숯불구이집이 부촌에서 초히트치면 일매 1,000만원을 찍는다. 바닷가의 유명 횟집이라면 일매 400만원 이상 찍는다. 더 유명하고 드라이브족이 많이 찾는 횟집이라면 일매 700만원을 찍기도 한다. 도시 외곽에 새로 음식점을 세웠는데 맛집으로 유명세를 타면서 손님들이 몰려온다면 일매 300만원 이상 찍고 업종에 따라 일매 500만원 찍는 집과 일매 700만원을 찍기도 한다.

(10) 하루 매상 1천만 원-기업형 음식점

유동 인구가 많은 곳에 위치한 유명 패밀리 레스토랑 가맹점들은 보통 일매 1천만원 이상을 찍는다. 유명 프랜차이즈의 본점은 대부분 대형이다. 이들 중 장사를 잘하는 본점들이 보통 일매 400만원, 500만원을 찍고, 일매 1천만 원 이상 찍는 본점도 있다. 보통 고깃집, 쌈밥집, 보쌈집, 오리요릿집처럼 객단가가 높은 업체들의 본점이 가능하다.

〈표 64〉 한식 갈비집의 초기 창업비용

품목	내용	금액
가맹비	·상표사용권 부여 및 지역 독점영업권 보장	·400만원 ※전략지역 할인이벤트 확인
교육비	·가맹점 운영 교육 및 매뉴얼 제공, 노하우 전수	600만원
물품 보증금	·본사 공급 원부자재에 대한 예치금(가맹계약 해지 시 반환)	~~400만원~~ → 200만원 ※200만원 할인행사
점포개발비	·나이스비즈맵과 SK텔레콤 상권분석 시스템	~~100만원~~ → 0원 ※100만원 할인행사
인테리어	·설계 및 3D 디자인/바닥타일 공사 ·목공사(자재/인건비/유리·금속 공사 ·전기, 조명공사/도장, 필름공사/사인물 일체	4200만원 ※33m² 당 140만원
홀/주방기물	·2인/4인 테이블, 단체석 일체 등	1500만원
간판	·외부 전면 잔넬 텍스트 간판 (4M) ·돌출 간판 및 사이드 간판	450만원
기기설비	·로스터(착화식), 삼중불판 ·냉장/냉동고, 간데기 etc, 육류냉장고 등 ·샐러드바, 아이스크림케이스, 식혜, 커피머신	2250만원
홍보/오픈지원	·웹카메라 1대/음향기기SET/홍보물 및 조형물 일체	50만원

〈표 65〉 외식업 초기 창업비용(단위 : 만 원)

구분	99.17m²	132.23m²	165.28m²	198.34m²	세부내역	비고
가맹비	800	800	800	800	상호·상표사용(브랜드가치) 등	소멸
교육비	200	200	200	200	메뉴·운영·서비스·식자재 교육	체류비 등 점주부담
인테리어	3900	5200	6500	7800	목공사, 설비, 방수공사, 천정, 전기 등	평당 130만 원
간판	500	600	700	750	전면LED간판, 돌출간판 등	그 외 별도
닥트	550	700	850	1000	외부 2층 기본, 내부 및 주방 닥트	3층 이상 별도
테이블·의자	400	520	640	760	홀 의·탁자	
테이블 렌지	270	350	430	510	2구렌지	
주방기기·홀집기	2100	2700	3300	3900	식기세척기, 주방기기 등	주물불판은 본사 무료 대여
인쇄·홍보·소품	200	250	300	400	이벤트, 전단지, 추억의 소품 일체	
합계	8920	1억1320	1억3720	1억6120		

참고문헌

김상훈, 「불멸의 창업인기아이템」, 월간외식경제(2016. 2.), 100.

_____, 「닭갈비집, 제 3의 전성기는 찾아올까?」, 월간외식경제(2016, 1.), 115.

_____, 「창업통의 업종분석」, 월간식당(2016, 6, 7., 2015, 8.), 108-109, 126-127, 170-172.

김성은, 「맛의 고장 전주 물갈비」, 월간식당(2013, 12.), 178-179.

_____, 「숯불 양념 소갈빗살 전문점」, 월간식당(2014, 8.), 194.

_____, 「국민 전통갈비」, 월간식당(2015, 8.), 174-175.

박선정, 「무한갈비 리필 수제」, 월간식당(2016, 12.), 184.

박주영(2013), 「트렌드세터로서의 마켓 메이븐이 예측하는 외식 프랜차이즈 종목 전망」, 한국프랜차이즈학회 제 7회 학술발표대회 발표논문집

박찬규(2009), 「업종별 창업가이드북-삼겹살전문점」, 서울특별 소상공인지원센터.

서정헌(2007), 「창업 초보자가 꼭 알아야 할 102가지」, (서울: 원앤북스).

신민주, 「신개념 갈비찜 전문점」, 월간식당(2014, 7.), 172-173.

양갑모(2008), 「업종별 창업가이드북-스파게티 전문점」, 서울특별시 소상공인지원센터.

양승근. 한진배(2009), 「성공하는 삼겹살전문점 창업하기」, (서울: 크라운출판사.)

육주희, 「메뉴.이달의 반찬」 월간식당(2017, 1.), 132-135.

이내경, 「더맛 구이구이쪽갈비」, 월간식당(2016, 7), 184.

이용선. 박주영(2013), 「창업경영론」, (서울 : 인플로우)

이정연, 「한식프랜차이즈」, 월간식당(2014, 8.), 79-87.

최영욱. 노상욱(2010), 「잘되는 이색 아이템」, (서울 : ㈜새빛에 듀넷).

최재봉(2007). 「성공하는 구이전문점 창업하기」, (서울 : 크라운출판사).

함주한(2010). 「마케팅 무조건 따라하기」, (서울 : ㈜도서출판 길벗).

F.&l. MArigold(1999), 「외식 프랜차이즈 트렌드 예측자로서 마켓 메이븐의 SNS에서의 역할에 관한 연구」 Working paper/Popcorn

Feick, L.F&L.L(1987), 「클릭 미래 속으로」, (서울 : 21세기 북스)

고주몽화로구이(www.gojumong.co.kr)

구글(www.google.co.kr)

금강산화로구이(www.kumkangsan.net)

까치참숯화로구이(www.magpie.or.kr)

네이버(www.naver.com)

명가화로구이(www.명가화로구이.kr)

양지말화로구이(www.yangjimal.co.kr)

통계청 국가통계포털(www.kosis.kr)

「The market maven: A diffuser of marketplace information」, Journal of Marketing(2015), 51, 83-97.

한눈에 읽는 외식창업 성공이야기 [시리즈 6]

불멸의 창업 인기 아이템

갈비·구이·불고기 전문점

발 행 일 : 2018年 6月 1日

저   자 : 김 병 욱

발 행 처 : 킴스정보전략연구소

홈 페 이 지 : http://www.kimsinfo.co.kr

주   소 : 서울시 강동구 성내로8길 9-19(성내동
550-6) 유봉빌딩 301호(☎ 482-6374 ~ 5,
FAX : 482-6376)

출판등록번호 : 제17-310호(등록일: 2001.12.26)

인   쇄 : 으 뜸 사

I S B N : 979-11-7012-136-7

※ 당 연구소에서 발간하는 도서구입, 도서발행, 연구위탁, 강의, 내용질의, 컨설팅, 자문 등에 대한 문의 ☎(02)482-6374.